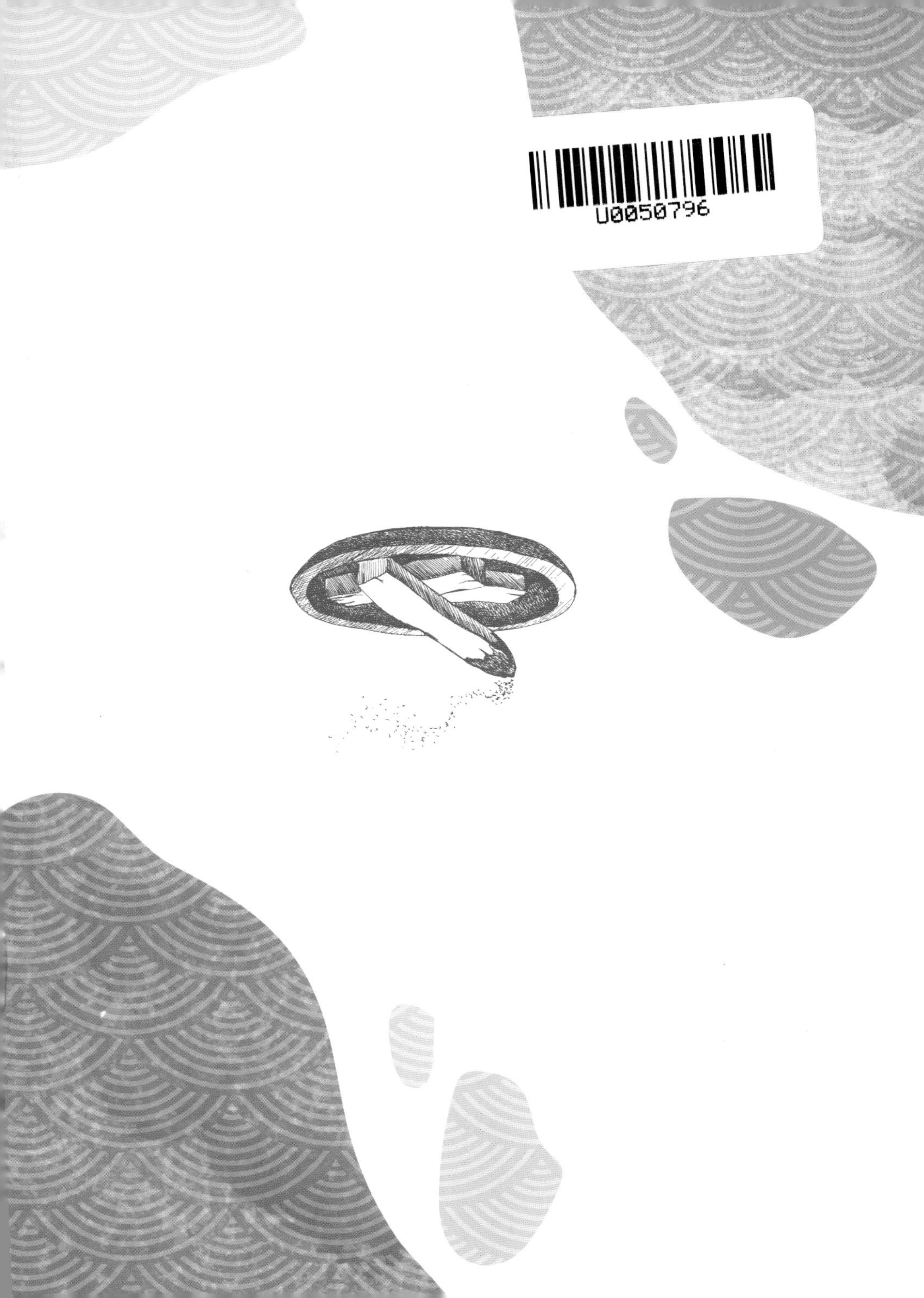

Chapter 2

人生沒有如果，全是命運加上因果法則

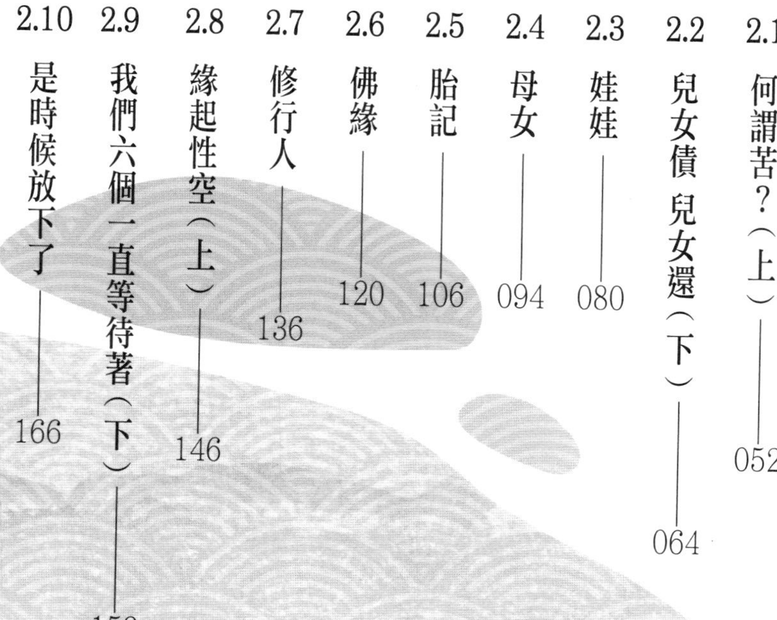

作者序言

這是我的第一本書

回港至今工作不多不少剛好二十個寒暑，假如要寫書應該也是與金融相關的書籍，從沒想過會寫一本與宗教、身心靈相關的書，更遑論會踏進身心靈療癒師這一行業。經常聽到別人說「四十不惑」，原來真的要去到這種年紀才懂，何止不惑，四十歲後於我而言更像在過著另一個人生一樣。

幸運的話，人生差不多走了一半吧！我如眾人一樣，旅途中難免經歷過高山低谷，直至數年前開始斷斷續續發生了一些解釋不到的事情。從疲憊，到懷疑、醒覺、起行，然後放下建立良久自我感覺良好的事業堡壘，好好學佛，好好修行，好好重新了解「活在當下」的意義。這刻我不至於萬事不驚，但看事情、看逆境、看人生的角度確是有所改變，少了菱角，少了執著，希望將來會多一分智慧，多一分慈悲。

每天接觸不同問事者，從他們的人生故事中堅定了我的方向，也教曉我不少的道理。每每在修行路上有所迷思，他們就如菩薩派遣過來教導我行每一步一樣。與其說我在幫助他，我會說我遇上的每一位也在渡化我，心無罣礙，只有感恩。

篇幅所限，本書只能分享了數個過去一年多印象較深的真實個案。如果你想看到血肉淋漓、駭人聽聞的畫面，對不起，你可能會有些失望。沒有驚世情節，也沒有太過的怪力亂神，只有最真實的故事，及從佛經中學習到的道理融入當中。

希望各位透過書中的故事，了解到其實每個人也有順境或逆境，我們從來不是一個人孤單的去走。逆境是逆境，但逆境不一定與悲傷、失望劃上等號，但願你與我可以從中學習到一些道理，珍惜當下，活在當下。

同修善途，共勉之！

作者——JJ 詹朗林

推薦序

903DJ / 藝人
余迪偉

點解你要我寫序？第一次喺電視上面見到呢條友仔，覺得佢幾靚仔啫，J carble（明就明，唔明就算），總之好似幾吸引。到喺小肥演唱會後台，見到佢真人嘅時候「Just Said Hi And Bye」，好似幾有禮貌，幾和藹可親。再到有一個朋友話俾我知，JJ 已經唔係淨係喺電視節目《總有一瓣喺左近》做主持㗎喇，佢係升咗呢，做「修行者」㗎啦！咩咁巴閉呀？試吓叫佢上嚟我網台個鬼故節目做吓嘉賓，會一會佢先！佢真係一口答應喎！

同佢做咗一集節目之後，之前啲嘅幾靚仔、幾和藹可親嘅印象完全先抹煞晒，因為原來佢真係一個好堅嘅修行者！呢類輩份嘅人，我見得多，好似佢咁，有堅料、識得做節目、懂得控制節奏、夠宏觀、夠大愛嘅，寥寥可數！佢確實係一個喺靈異界、New Age 界、娛樂界，不可多得嘅奇才！

好嘞，讚就讚完。到佢要求寫呢一篇序嘅時候，老實講，我好想推。因為我覺得寫人哋本書嘅序，好假。你諗吓，我寫呢篇嘢嘅時候，根本未睇過佢寫社交媒體以外嘅任何文字，點知佢本書好唔好睇喎！不過又咁，佢話俾我聽呢本書裡面嘅故事，有啲都喺佢做嘅節目裡面分享過嘅，咁我又唔擔心去擔起呢個責任去寫序、去Sell喎，因為有啲故事我已經聽過，堅係精彩到不得了！（再講，佢喺社交媒體分享嘅文字，都堅係唔差㗎！）

你如果喺書局或者書展，揭緊呢本書，淨係睇緊我呢篇序嘅話，信我，買返屋企慢慢睇啦！

藝人
阿妹岑樂怡

每個人都有一條自己的路，然而有太多人希望自己走的是別人正在走的那條路。他們只看到別人的表面風光，卻沒有去想別人付出了多少代價。人生不應只是一段旅程，更是一段屬於你自己的旅程。

開心能在詹朗林的人生旅程中，充當他的朋友、他的電視節目拍檔、他的演戲對手……認識這傢伙有十分之一個世紀，最初我們在電視台遇上，除了工作，我倆甚少來往；但一直知道這金融才俊，有著一個演藝夢。直到三年前《總有一瓣喺左近》令我們拉近，有時拍攝完畢他會充當柴可夫司機，接載我和鬼王回家，有時，我們會在他家吃著他親手煮的九大簋。我很少參與他們的雀局，但知道這「八婆」是麻雀能手（下刪一萬字），詹朗林就是那種專長很多，一旦下定決心，就一定會做到最好的那種人。

當JJ找我寫這篇序時，對他出書我一點都沒感驚訝，反之，有感快樂和感恩。感恩他在這道路上找到屬於自己的節奏，最初可能來得有點快，但我知道，他漸漸在幫人和修行上，找到一個屬於自己的平衡。感恩他的信仰為他加注能量和愛，順著走，走著走著又會走到另一個人生階段。若你是從這本書才第一次接觸詹朗林這個人，不用擔心，我們繼續一起成長，有他伴著你，他會帶領你走出一條屬於你自己的人生道路。

廢話不多說，書，先買，無論如何都值得擁有。作為詹朗林認識十多年的朋友，最後，想用最真誠的態度說：「JJ，衷心恭喜你，希望新書大賣，更多人可以在這書本上得到心靈的豐盛，而作為你路途過客的我，希望你繼續在正確的道路上行走，為自己找到更多可能性，最後，祝你海底撈月自摸一筒十三么。」嘻嘻(:

唱作歌手
傅珮嘉

與JJ結識因為某節目，是工作。與JJ結緣純粹憑直覺，是緣份。其實原本我倆只是比網友熟一點的朋友，但某次機緣下，JJ幫我開啟了一道連自己都不知鎖住的門，謝謝他勇敢而真摯的靈魂，讓我有生以來，第一次強烈地感受並相信從宇宙傳遞來的慈悲的力量。

其實願意面對自己的黑暗面並不可怕，可怕的是你從來不肯承認/接受/面對負能量，然後順著奇妙的宇宙牽引，我才發現原來宇宙正在幫助我。遇到的事/遇上的人，都是另一個我在幫助此刻的我。

雖然這本書你讀的是別人的故事，但這些分享會讓人感覺非常受用。原來我們都並非孤獨，困惑/痛苦/掙扎累積的全是人生寶貴經驗，JJ的話語如同一根暖暖燃燒的蠟燭，溫柔地照亮我們的困途。你看完這本書，也許會在靈魂的層面上獲得深深的共鳴。

網台及節目主持 /
債仔潘紹聰

詹朗林，又名Ｊ菇，他是我電視節目《總有一瓣喺左近》嘅拍檔，亦是我麻雀腳，同時也是我冤親債主（應該是上世我欠他，今世總在麻雀枱上要還給他）。一個算有點姿色、算有點學識的人，突然走去修行，甚至為人處理一些靈異問題，我只相信是上天的安排，或者是他根本是要走的道路。

Ｊ菇的能力，小弟已反覆驗證過，我不能說，他所預言的是百分百準確（因為世事總可以因行善積福而有所改變），但起碼已是七、八成之內。修行人重要的不止是功力，正念的心術才是王道。今天的Ｊ菇正向此王道前行，但願他一直如此！

以下是口語表達：

我真係好怕同人寫序，朋友或真正認識嘅人還好，其他人一般我會推㗎！不過，作為我嘅冤親債主，呢個「序」可能係我要還嘅一部分，而且又係J菇嘅第一次，ok一次咁多啦……債主！

祝新書大賣！

Chapter

1

勇於追求是一種精神，
勇於捨棄卻是一種境界

大千世界，繁華無數，求無止境。

看輕，才可輕鬆；看淡，才能快樂；

看開，才會豁達，看透，才變成熟；

看懂，才最簡單。

1.1 緣起 我的故事

你好，我叫詹朗林。

作為本書的第一章節，我應該好好寫下我的故事。雖然有點長，有一部份讀者在其他訪問中也聽説過的，不過先從這裡説起，好讓未認識我的人會了解到我寫這本書的前因後果。

前半生的金融工作與這本書的主題不太相關，暫且不談。從小到大與不同宗教有著奇怪的緣份，猶記得小時候總喜歡跟著媽媽去不同寺廟中參拜，那時候很多寺廟門前總放著很多經書供有緣人取閱，所以當我的同學在看老夫子或兒童畫報時，我則在看《天堂遊記》、《地獄遊記》、《觀世音普門品》及《心經》等，那時候大部份文字也不明所以，所以放學就去找中文老師「留堂」補課，亦是我第一個接觸的宗教。

五勞七傷

中學時卻考入了一所傳統的天主教學校，那時侯老師們講解有關西方宗教令人聽得津津有味，每天拿著兒時讀物問老師天主教有沒有刀山油鍋地獄閻王，卻被罵得遍體鱗傷，好奇心驅使下每星期自發性地參加慕道班，帶早禱，甚至會考及高考，亦報上了宗教及倫理科。那時侯考題總會以聖經中的經文解釋社會倫理及道德性的問題，如「應否殺人」、「安樂死是否有罪」、「應否重啟死刑」、「一個好人不信主死後能否上天堂」等等……七年中學生涯，一連串的問題，卻令我不禁去問：「我從何而來？」、「我死後何去？」、「甚麼是快樂？我在經歷的一切到底為何？」

中學後去了西安考察了回教一個月也找不到甚麼答案，甚至不知道自己在問甚麼鬼東西。不要緊，反正人生有太多事情要煩惱，這些無關痛癢的「打妄想」暫且擱下吧。2004年，我回港從事金融行業一直至2021年，說來感恩十八年工作生涯一路走來順順利利，只是換來壓力過大，身心都遍體鱗傷，尤其於2012年開始，香港、國內兩邊走同時處理三份工作，三十來歲有一段時間甚至腰痛到需要用拐杖走路，內分泌失調導致失眠等等，每個月花費於看醫生的錢也至少一、兩萬。但那時候從沒有想過出了甚麼問題，年青人不都是拼盡去追夢嗎？成功不就在前面嗎？沒有停下來的空閒，反而想多找一些法門讓自己有更大的能力去追尋更多的夢想，更大的目標。

冥想打坐自招麻煩

2016年，壓力終於爆煲，那時候我在網上無意中發現一些「舒解壓力」、「開發靈性」、「開啟第三眼」、「宇宙能量」頻率等相關短片及課程，心想反正睡不著也無甚壞處，隨便挑了個開啟第三眼頻率短片來看一下，也跟著網上的不同分享嘗試打坐冥想，也不知道原來這樣是有一定危險性的。一開始的時候，我每每不到十分鐘便昏沉睡去，心想這比酒精或褪黑激素更有效吧，慢慢每天睡前打坐冥想越來越長，從一開始的每天十分鐘，至後來每晚一小時；從一開始的昏沉，至打坐中段的無明雜念妄想，到後來習慣了的平靜入定……

說來神奇，那時侯有一位學習過身心靈的朋友教我，假如想自己更為集中，可在冥想時觀想眉心中間有一個類似沙漏或蘋果芯的形狀，結果練習一段時間後，果真如是，甚至有時候於冥想途中會看見一些白光或彩虹光在腦中閃爍不定，那時候不以為然，誤以為自己精進了，卻不知道這只是個開端。由於我性格比較規律性，開始了的事情會一直做，因此這個習慣就持續了差不多兩年，那怕工作至多晚甚至公幹不在港也會儘量保持這習慣。

起初一切還好，慢慢失眠的情況又回來了，但跟以往有些不同的是，我不是睡不著，而是無論我多累或幾點睡覺，每天總會在凌晨三點至四點醒來，直到那個時段過去才會徐徐睡去。其實現在回想起來也沒有印象那段期間的那一小時我到底在幹甚麼？有時候好像只是坐著，或在廳中走來走去，或觀想在與「誰」對話中，這情況差不多也有維持了半年至九個月。

「神通」還是「撞鬼」？

我算是一個較理性的人，一直把這情況歸究於工作壓力，與鬼神之説碰不上半點關係。直至2018年情況又再起變化，那段時候除了睡眠不佳，身體經常感到疲倦，有些朋友及同事會形容我「灰灰黑黑」，更甚的事有時候會出現一些奇怪「幻聽」或「異象」。

尤其有時候在新聞裡，我會看到一些意外或死傷時，本來應感到可惜或悲傷，但耳中會傳來笑聲，或回應「抵死啦」、「死咁少人」等，一開始感到莫名奇妙，後來會感到不安。有時候會示現一些所謂神通（現在明白了該説鬼通），記得有次出席朋友按摩店開張，在店中等朋友晚飯時首次出現「跳掣」狀態（我形容為「跳掣」是因為有時候會不由自主預視或説出莫明奇妙的話，有時候是對方發生過的、正在發生的、或將會發生的事），當朋友在忙著開張事情，我忽然半睡半醒的走到她面前説：「那位英國老太太喜歡你們兩位女士開的店，氣味很好，以前地下太髒了。另外三種選擇我都喜歡，但我以前喜歡玫瑰，房中都會放的，你選玫瑰吧。放心，不用太擔心，我喜歡你們，我會幫助你們的，你的那位小女孩有見過我呢！」

說完我回過神來，只見朋友眼神奇怪，我便問發生甚麼事，她就將我剛才的説話覆述給我，我聽得一頭霧水，她們卻明白我説甚麼，於是我請她解釋一下。「這舖面之前是理髮店，後來結業於是我們租下了，另外我們正在考慮應該以甚麼味道作為按摩店的 signature aroma，其中一種味道是大馬士革玫瑰，但只有我跟另一位老板才知道的。」

聽完後我嚇了一下：「那麼最後一句是甚麼意思？」朋友回答：「今天開張前我們試業了兩個月，還未開始宣傳，但很奇怪近來有其他租客反映大廈電梯好像出現了些問題，就是當有人按其他樓層，電梯卻會於我們這一層自動開門，他們都會好奇出來看一下，因此多了很多新的客人呢。而有晚也發生同樣情況時，有位兼職同事笑說可能有鬼幫助我們呢，結果當晚關門打掃時隱約看到有位外國女士站在大門口對著她微笑，但一回神就不見了。」

忽然「跳掣」

當時我不以為然，也沒有刻意去告訴別人。不久之後，有次經理人帶我到潘紹聰的網台說一下酒店的鬼故事（那時候我還未認識 Edmond，也未開始主持《總有一瓣喺左近》，節目完結後，送經理人回到她車上時，我在馬路中心又再「跳掣」：「其實已經過去了，那個病已離開了很久，別把它變成綑綁自己的枷鎖呢！勇敢的為自己去著想一下吧！另外，多謝你照顧我們，我們必守護著你，成為你的守護靈。」說罷慢慢地回復意識，看見經理人看著我想哭的樣子，心想我又應該發生了甚麼事情吧！

經理人說：「你幾時知道我曾經得過大病的？你說得對，我在十幾年前得過一場大病，雖然已經痊癒，但其實經常害怕它總有一日會回來的，因此有些事情好想去做但猶豫了。另外你知道我很喜歡小動物的，也很喜歡做義工照顧牠們。前段子機緣巧合認識了一位動物傳心師，我連自我介紹也未做，她便笑指著我說你與動物很有緣呢，身邊有很多動物形狀的守護靈在你旁邊呢！」後來，「跳掣」這種狀態越來越頻繁，每天淩晨夢迴狀態更見嚴重，需要依賴冥想才能勉強入睡。有時候當我不受控陷入

「跳掣」狀態中，朋友們都嘖嘖稱奇，我卻越感到不安。在朋友聚會中不敢喝酒，因為每次喝酒後不受控的狀況更為嚴重，甚至有時候會說出一些令人不安的說話。說真的，我討厭那時的自己。

原來「他們」已乘虛而入了

那時候我剛加入ViuTV，拍攝工作較為頻繁，剛巧國內的新項目起動，經常飛到不同城市，加上香港的工作，再加上自己的狀態每況愈下，現在的我已回想不到當時是怎麼熬過來。不過，上天總會安排好一切，好讓我去經歷。

在這段狀態最差的情況下，監製致電給我，問我有沒有興趣參與《總有一瓣喺左近》的拍攝，我當然立刻說好，在那時候慢慢跟潘紹聰 Edmond 熟絡起來，也在那時開始認識不同宗教／法門的老師。

記得在拍攝的時候，遇上一些好師傅時，他們都會叮囑一兩句，說我的氣息不太好，要多注意身體。也有一位師傅在拍攝完畢後，會對著我笑說我們將來有機會是同行，會做身心靈相關的工作，我當時一笑置之。之後大半年也維持著這種透支的狀態。有次與 Edmond 到台中財神廟參拜，並打算求請虎爺（財神座下護法坐騎）回家，拍攝途中有一個鏡頭本來只是簡單一句「咁我去買香參拜下先」，之後回頭走出鏡頭，怎料說完這句話回頭後忽然失控，好像被人大力推了一下般，整個人飛撲到地上，右腳嚴重扭傷連走路也困難，更遑論進行甚麼儀式去求請虎爺，那刻只好忍痛拍攝完畢後回台北求醫。幸好財神廟的乩身是在台北生活的香港人，他帶我到附近跌打館求醫，在途中他忽然告訴我：

「你回到香港後找個師傅看一下吧，剛才你拍攝的時候我看見虎爺站在你身後，很用力的踢了你一下，好像想把你身上的東西踢出來一樣，所以你才會失平衡跌倒。」

鬼魅重重

回港後，差不多休養了個多月才痊癒，之後經 Edmond 介紹找到了第一位師傅。那位師傅並非甚麼法科師傅，而是一位有神明上身解決問題的女士，有點像台灣廟宇的一些乩身。等了一會可以見面時，甫一坐下那位師傅便說了一些我當下的狀況，包括睡眠質素、偶爾的幻聽。

「你體內有兩隻魔！」

我便順道問一下：「那麼我有時候收到的訊息是甚麼一回事？有時候那些預言又是為何？身體狀況這麼差又有何解釋？」師傅問我是否有修行或打坐的習慣，我說是，並已持續了差不多一年多。她就叫我現在嘗試回到那種狀態，看看現在能感受到甚麼。當下我就立刻安靜下來，讓自己回到那種半夢半醒的冥想狀態。慢慢腦海中浮現到辦公室門外站著一男一女，都是穿著像壽衣般的黑色衣服，他們看上去好像很不滿似的。

「我好像看見有一對男女在門口……」

師傅立刻說：「是否穿黑色壽衣，衣服上有銹金線的兩位？放心，他們進不來，就是他們在你冥想時乘虛而入的。」當我暗暗吃驚但又不敢張開雙眼時，那位師傅突然大叫一聲，然後很大力拍了我的頭一下，跟著以像站在市集中的聲量唸了一大堆我聽不懂的東西（後來才知道那是仙語，是道教或法科某些人被神明附體時用的語言），大概唸了五分鐘後，師傅問我有甚麼感應，我再次嘗試入定但甚麼都感應不到，師傅才道出原委：「你身邊有一位示現著紫色光、有修行的靈體與你有緣，可能是你打坐冥想時發出相似的頻率把他吸引過來，但他遮住了自己的樣子所以看不到樣貌，不過感受不到他有惡意。你這些奇怪的能力是他賦予給你的，目的是讓你打開一度門去修行。」

走火入魔

之後師傅說中了我近來面對的怪事，例如每天會自然凌晨三、四時會起床（到現在才知道原來一般僧人也是大概在這段時間起床做早課），但在冥想的過程應該有一段時間休息不夠加上沒有做好充足保護，所以被一些靈體乘虛而入干擾著我，他們同時間也給予我一些能力，但是與那位紫色的靈體目的不同，他們的目的是想引誘我追求神通力，並吸取我的精氣神，好讓我沉迷於此，慢慢就會走火入魔。

師傅續說，現在暫時清理了我身上的靈體，亦要暫停冥想打坐直到我懂得怎樣去保護自己為止，「這段時間你會發現有很大的引誘你去追求神通，例如感應會比以往強烈，但你要暫停任何感應或神通力，不聞不問裝作沒事發生，之後感應就會慢慢消退。」我當下有一種如釋重負的感覺，我問：「以後是否會回復正常，甚麼都感應不到，也不會再無故跳掣了嗎？」師傅回：「雖然未知道紫色的那位有甚麼目的，他沒有惡意，不過我一次過幫你封身，所以長則永久，短則未來一、兩年應該沒有問題。多喝水，多曬太陽就好。」

當天晚上，應該是我過去數年睡得最熟的一晚，也沒有在半夜起來，就如那位師傅所說，那天後的一星期感應的確比以往強烈，甚至平常看見的畫面都如即影即有走光照片一樣，時光時暗如幻彩詠香江般。

不過我採取不聞不問裝作沒事一樣，一星期後所有感應慢慢淡化至最後消失，折磨了數年終於雨過天青了吧！而那刻我亦暫停了所有打坐冥想。結果，不到一個月，某天早上一起床，睜開眼的一刻，那種幻彩詠香江般的畫面重現眼前。我心想到底發生過甚麼事？不是一切已經完結了嗎？那刻我唯一能做的只是裝作沒有事一樣。

1.2 阿卡西記錄者的啟示

這樣的狀態維持了大概半年，即使已不聞不問但感應從未消失，甚至更為強烈，直至機緣巧合遇到第二位老師 - 阿卡西記錄者。

某天拍攝工作時，Edmond 忽然提起他遇到了一個「高人」，一名阿卡西記錄者。她幫 Edmond 開的記錄很準確，甚至說出了一些資訊令 Edmond 也十分驚訝。這倒是勾起了我的興趣，因此託 Edmond 安排見了一面，期望她或許可以給我一些方向或答案。

數天後到了她的辦公室，是一位年約四十歲、頗友善的一位女士，我本來想花些時間道明來意，她卻只是問了我的中文名，然後說：「你的疑問不用告訴我了，你在心中自己想著吧！」那麼我就在心想了數個問題，有一些已忘記了，不過頭幾條問題永遠不會忘記，就是「我到底發生了甚麼事？為什麼我會這麼怪？

甚麼時候才會完結，回復正常？我現在還有甚麼靈體騷擾嗎？如果還在，他有甚麼需求？」在我腦海中尋思著數個問題的時候，她忽然手舞足蹈開始自說自話，但是神奇的事情就是她在當下一小時中完整並順序回答了我心目中的數個疑問，而在整個溝通過程中，我一句說話也未說過。

我必須走的路

「你很怪，真的很奇怪，但是我必須告訴你，You are gifted with reasons。或許你現在還未了解發生甚麼事情，但是大門已開啟，請放心，我們必守護著你。你真的很奇怪，但請你相信正在發生的一切，You are gifted with reasons 這是禮物，也是你要走的路。你要走的路已開始，總有一天，是時候起行吧！但請你相信已安排好的一切，你是正常的。當我們告訴著你的時候，為甚麼你仍在懷疑呢？你在懷疑著甚麼呢？」

在她正在說話的同時，其實我在心裡暗暗地想著我這麼怪你還說我是正常，而她立刻回應我在心中的疑問就像是在對話一樣。

「這個是起點，不是終點。一切還未開始，所以為甚麼會完結呢？我們必須確切的告訴你，你現在不是被靈體騷擾著，他亦沒有所求。他並不是別人。你就是你，他就是你，你就是他，他就是他，他是一位透著紫色光芒的喇嘛。他就一直在等待現在的你，也應該說你正在等待著現在的你。」阿卡西記錄者續說：「時候已到，是時候起行，是時候回來吧。他只是從他的國度回來，把你學習過的事情，你修習過的東西，你的一切都歸還給你，歸還過後，他就會回去他的國度，你的一切是你的，也是他的。」

哪裡來哪裡去

說真的，聽到這裡，腦洞大開，每個她說的字也明白，但串連一起又好像不明白。之後她繼續回答我其他問題，不過已經不太記得。換轉是別人或許會完全聽不懂她在說甚麼鬼東西，不過她的每一個字也好像坎在我心中，就這樣差不多一個小時。

「今天要說的都已說了，放心走吧！這是你未走完的路，就在這世代好好去走吧，我們一直在這裡守護著你。時候到了，是時候回來吧！是時候起行吧！」說完這句，她就回過神來。

「就這樣？甚麼一回事？回去哪裡？起行到哪裡？」她笑說：「你真的很奇怪，但我想將來你應該有些未走完的路要繼續走下去吧。至於是甚麼路，你的高我並沒有詳細說明，那麼應該是一些你必須要親自經歷的事情，他們不可以預先告訴你，我想應該是一段神奇旅程呢！」

就這樣，我好像懂了一點，但又好像有更多問號在腦海中縈繞不休。

佛緣

自那天後的半年間，那些示現那些感應偶爾出現，有時候我會採取不聞不問的狀態，但有時候也會跟面前的對象提示一下，但不知怎的那種不安感已慢慢消除，我亦開始回復每天打坐的習慣。但是不知何故，可能是自己的心理作用，「是時候要起行了」這句說話偶爾會在腦海中出現，或忽然會有些人跟我說這句說話，直至 2021 年初……

一切像巧合，也像冥冥中自有主宰。當時的我有時候也會去寺廟參拜一下，有時也會有誦經的習慣，但絕對算不上是一位佛教徒。那年的農曆新年初一，那天（剛巧也是我的農曆生日），當我正準備出門到母親家拜年時，忽然腦海中出現一把聲音：「終於到四十之年，是時候起行了。從今天開始每日誦經吧」。那次應該是我第一次感覺到有指向性的對話，而談話的對象就是自己。那把聲音十分平靜，十分安詳，但也有著莊嚴的說服力，那一刻不由自主的在家中誦了一篇般若波羅密多心經，之後就如常出門。而自那天開始每日建立一個新習慣，就是每一天也會抄寫一篇般若波羅密多心經，而每一天打坐的時候也會聽到這一把聲音，說同一番說話。

後來，得到一位老朋友邀請到他們的網台做嘉賓，這位老朋友是一位化妝師，也是一位靈修者，同時間也是皈依了很多年的一位藏傳佛弟子。節目完結後寒暄一番打算就此作別，忽然那一位朋友問我：「你知道誰是蓮花生大士嗎？」我說不認識。她就介紹了一下蓮花生大士的背景，就是將佛教傳入西藏的第二佛陀。

是時候要起行了

之後她茫然似的說了一堆說話：「你去認識一下蓮師吧，你與蓮師有著很深的緣份，要回來了，是時候就起行吧。」

說完她就回復寒暄的狀態。那一刻我沒有感到害怕，反而有著一絲感動，我說：「知道了。」之後就離去。那一把聲音從不間斷，每天在我打坐的時候告訴我是時候回來吧，好像是在提醒我一樣。不過某天金融那邊的工作出了一些突發事件，那天整個系統都垮掉了，由於牽涉銀行服務，所以我必須要於一天之內處理好。記得那天我應該是由早上做到第二天凌晨四時才完成，回到家後稍為休息一下，到早上九時金融市場開市前要重新檢查一番。

由於在前一晚工作壓力太大，基本上也沒有怎去睡，梳洗一番後打坐一下希望讓自己冷靜下來，那一把聲音又如常出現，可能是睡不夠加上壓力大的關係，我在家中很暴躁的大聲喝了一句：「別再煩我好嗎？我忙死了啦！」剎那間所有腦中的聲音消失了，但隨之而來就是劇烈的頭痛，心想可能剛才大聲叱喝後缺氧，所以引來頭痛，那刻我顧不了太多，吃兩粒頭痛藥就趕快上班。

當處理好工作後，頭痛依然未有消散，心想應該是休息不夠吧，所以之後請了一天假回家好好休息一下。其後的差不多三個月的時間，感應消失、腦中的聲音也消失，剩下的只有無盡的頭痛。

那種痛楚不像以往的頭痛，也不像偏頭痛，反而有點像有人每天用手指菱角去敲你的後腦般。西醫看過、脊醫看過、檢查也做過，就是找不到甚麼原因，唯一可做的就只有服用止痛藥，當然我會懷疑是不是那天不敬發了個臭脾氣所導致。

直到五月，有一位娛樂圈的朋友問我有沒有興趣到慈山寺參觀一下，我心想這個地方很難預約吧，去參觀打卡一下也好。一行四人選擇五月中的其中一天去參拜一下。到下午參拜完畢後，遇上了慈山寺當時的監院住持，寒暄了一會。當準備道別時，監院住持剛巧碰見慈山寺的秘書長，順道介紹互相認識一下。

秘書長：「你們好，是否第一次過來慈山寺？喜歡這個地方嗎？」我們一行人當然表示十分喜歡。

秘書長：「喜歡就好。那麼要多回來參拜學佛啊！」其後，他掃視了我一下：「你好，我是否曾在這裡見過你？我們認識嗎？」

我說：「沒有啊，我都是第一次過來。不過很喜歡這裡呢。可能是因為我做電視的，所以你見過我也不出奇。你好，我叫JJ詹朗林。」

秘書長：「你好JJ，我不看電視的，所以應該不是。不過你很面善。」

我下意識的感覺可能是秘書長客套話，禮貌的道謝後，一行人準備離去時，秘書長忽然叫停我們，並叫我們回去。我們錯愕了一下，心想發生了甚麼事？

秘書長看著我說：「我是認識你的，我見過你的。」之後叫旁邊的工作人員抄下我的聯絡方法。「我會叫工作人員聯絡你的。你知道嗎？你是時候要回來了。」其他人不明所以，聽得一頭霧水，但你們感受到我當下聽到那句說話內心有多震驚嗎？

是時候起行了？

放棄規劃人生

慈山寺回來一星期，就在2021年5月28日，早上如常梳洗，準備吃藥後出門上班時，頭痛消失了，那一把聲音回來了。「是時候了。是時候回來了。是時候起行了」，受過教訓我當然不敢再大聲叱喝，不過也不知道該如何應對，是否仍要裝作不聞不問？還是認真去處理這個問題不再逃避？

結果我靜靜的坐下來，在心裡問到：「Ok，請問你是誰？我要回去哪裡？又要起行到哪裡？」那把聲音悠然地回答：「總有一天你會明白的，但是你是時候要起行了。」我問：「Ok，假如你是我的老闆，有事情要我做，你也應該告訴我做甚麼吧？」

那把聲音：「你不需要去想你要做甚麼，只要你相信就可以了。這是你承諾過自己要做的功課。你在這世上追求的是甚麼？你又應該放下甚麼？營營役役了這麼久，你累了嗎？」

那一刻我不懂回答了。就像是某些情緒病患者自言自語一樣，但一切又那麼真實，腦海中的聲音問這幾個問題，讓我放下手上的公事包坐下來去想清楚。是的，我累了。這幾年的折騰，加上英國回來後營營役役的十數個年頭，我追求甚麼？看似成功的背後，我快樂嗎？我從小到大就是一個規劃計算好一切的人，但真的所有事情也在規劃當中嗎？還是生命中沒有一事能掌控，包括生與死？如果人生一切都是無常虛幻的，那我現在應該怎樣走下去？

出路

我是否應當去找一條出路呢？算了吧，我投降了。既然一切都是假的，或許我不計劃，隨遇而安就好了。OK，Go with the flow 吧！我起行了。就這樣坐在客廳中腦袋高速轉動了兩小時，

我問：「那麼我應該做甚麼？」

那把聲音：「告訴別人你的想法吧！自有人會去找你，在未來的旅程中，你會慢慢學習並找到答案的。放心，隨遇而安就好。」

就這樣，我在當天的 IG 發了一個很奇怪的 Post……

「記住呢個電話！！5114xxxx，講返聲先唔好打電話畀佢呀，秘書姐姐接唔切㗎，唔好問我點解，唔好覺得奇怪，因為我都覺得好怪。」

今日開始，我會開啟靈性服務（有限度啦大佬我要返工㗎，不過收到指示要開。）

塔羅牌／開相／感應／Healing 服務
每節四十五分鐘
其他問題面議，最重要係我要先知道我做唔做到
記得，記得，記得，記得，請先預約留位
日期：待定
時間：待定
地點：待定

係，你冇睇錯！我連地方都未搵到，淨係知道我今日要出呢個Post……不過你信我啦，我會盡快通知詳情，所以記得先send message 留位。

因緣際會，盡力而為
飽滿愛 ❣❣

Start The Trip

就這樣，感覺好像鬆了一口氣。不過既然遲了這麼多，就順道吃完午飯才回公司吧。在悠然吃著午飯的時候，忽然收到秘書來電：「你剛才到底做了甚麼？你給我的秘書電話從一個小時前到現在未停止震動過，大部份都只是留下姓氏及「要預約」這三個字。我剛去了開會未處理，但開會前的未讀訊息已超過三百個了，你要不要回來處理一下。」我大吃一驚，心想該怎麼辦？結果回到公司就與秘書商討先將資料順序處理，再想下一步，結果直到當天晚上差不多十一時才下班，整理好的信息已超過五百個。

就這樣，新旅程開始。

Chapter 2

人生沒有如果，全是命運加上因果法則

人生當中，逃不過因果與無常。

所造之業為因，報為果，因和果輾轉相生，謂之因緣果報。

因果不虛，所以需要慎重。

當下無常，因此需要珍惜。

2.1 何謂苦？（上）

在上一章訴說了故事的開端，但相信大部份人，包括我自己也有同一個疑問：我下一步要做甚麼？甚麼是靈性服務？捉鬼嗎？還是問米與先人溝通？塔羅牌？還是透過高我（即覺醒意識）去讀取訊息？說真的剛開始的時候我也是摸不著頭腦，完全不知道怎樣去處理這數百個預約。首要條件就是處理好場地問題，及安排好工作時間，因為那個時候同時需要處理金融工作及拍攝工作，所以只好在開會與開會中間，拍攝與拍攝中間抽時間去與預約者見面，（說真的我不太喜歡用「客戶」這一個字眼，感覺變得很商業。如果要很商業地去賺錢，我倒不如輕鬆的回去繼續我的金融工作，最起碼薪高糧準福利好）幸好朋友剛好有地方可供我租用，就這樣於一星期後與第一位預約者見面。

在見面前的幾天，每一天如常打坐入定，入定途中有時候會「知道」要去買一些東西預備，例如走到書店會突然看見一副塔羅牌要買，也會到以前經常購買的店補給聖木與鼠尾草。你問我為甚麼會知道？我也不知道為甚麼會知道，我就是知道我需要某一些東西或方法。

甚麼是靈性服務？

靈性服務（或者用「療癒」服務這個字眼會比較中性一點），並沒有單一方向與目的，只要預約者認為有需要、或認為我可以給予他一些答案及方向，都可以找我交流一下。可以是一些既定性的範疇，例如感情、工作事業、健康、自身；也有一些因沒有既定方向，只是想尋求一些答案，例如原生家庭的問題、人生路上的一些疑問；也有一些是牽涉靈異問題，例如懷疑被靈體騷擾、或先人有一些心願未了；也有一部份是討論、有個別預約者找我是討論宗教問題。有趣的是一開始有很多人誤會找我都是處理靈異問題，但說真的，到最後會發現一百位預約者裡真正牽涉靈異問題的其實只有兩、三個，其他的都是心中有鬼。至於怎樣去處理，大部份時候也是在那一刻才知道，有一些情況是利用塔羅牌或其他工具去解答問題，有一些是透過捉摸預約者的手去讀取信息，有一些是透過頌缽或其他方法去清除身體或心靈上的一些負面能量，在往後的章節我會詳細描述一下。

第一位預約者

先回到六月第一位預約者。見面當天我也有點緊張，畢竟找我的預約者都是我不認識的。甫見面閒聊了一會，之後四目交投沉默下來尷尬到極點。最後當然我要開始去了解找我的原因。

我問：「你好，你是我的第一位預約者。其實……你為甚麼會來找我？」

她說：「說真的，我也不知道為甚麼要找你。因為我從來沒看過甚麼靈性服務，沒有算過命，也沒有看過甚麼風水流年運程，只是當天看 IG 時無意中看見你的 Post，不知怎的忽然有一種想哭想見你的感覺，結果一下衝動就約了你。」我續說：「那麼……你有沒有甚麼問題或事情想了解一下？不過不需詳細敍述，簡單方向就可以。」然後她說：「唔，那麼就自身及姻緣吧，因為近來有一些變化想了解一下。」

我對她說：「明白。那麼我先用鼠尾草及聖木潔淨保護一下。」正當我猶豫下一步要怎樣做的時候，腦海的聲音浮現：「你只需要她的名字及得到准許觸摸她的手，就會看見你所需要的答案。」我跟著照做，之後就像開啟「自動語音功能」一般去解答預約者心中的難題。

剛開始就想放棄

就這樣完成了第一個預約。而在未來一年多的經歷，明白自身的不足而去學習不同派別的靈氣、頌缽、正信的佛教並皈依受戒等後話就略過不詳述了。

隨著開始慢慢了解自己所做的「靈性服務」是怎麼一回事，從每天接見一位去摸索、到每天兩位、三位、四位，發覺看似只是輕鬆交談，原來見一個都會極耗精力的，試過遇著一些較複雜或負能量較高的預約者，完成後我當下就陷入昏睡狀態，半小時至一小時不等；也試過剛開始的時候一天見了超過四位預約者，完成後我疲倦得連手指頭也動不了，就這樣軟癱在沙發上直至回復力氣，因此我制定了基本時間表，自己一天大概可以見到四位預約者，當然有時候遇著一些突發情況需要緊急處理，當日就會進入透支狀態，在那段時間往往需要幾天才能回復過來。

除了這方面的「工作」，再加上電視台拍攝及金融的日常時間表（那個時候我同時間要負責管理公司的投資部、法規部、客服部），很快便有一種吃不消的感覺，自問是時間管理大師也發覺時間根本不夠用。那時候跟很多「修行人」一樣，時而勇猛精進，時而熱情退卻，我會猶豫並反問自己：「詹朗林我到底在幹甚麼？理智一點好嗎？如要賺錢有更多更有效率的方法吧！多花時間在自己的金融本業中，多寫一寫評論分析報告，投資一下那怕是基金、股票、債券，總比你每天花半天去見一些你不認識的人賺得多吧！請你好好再為自己的將來著想一下吧！」

想著想著覺得自己這個邏輯好像沒有反駁的空間，意隨心轉就這樣怠惰了起來。不過現在回想起來，既然上天給你開了一扇門，又怎會輕易的放過你呢！

「最苦」的預約者

過了數天，一位到現在仍記憶猶新的預約者，她給我的「教訓」狠狠的摑醒了我，亦令我從此更清晰自己該走甚麼的路。

有一天晚上，秘書收到一個預約者短訊：「我求求你幫忙，好嗎？我很苦，我真的很苦，我想這世上沒有人比我更苦。求求你，幫幫我，好嗎？」

秘書問我怎樣處理，我就說按一貫去排隊見面就可以了。那

位求我幫忙的客人回覆說：「我剛剛因工受傷，現正休養。另外我知道排隊大概需要等候一年，我怕沒這個時間了。如果安排不了見面，電話交談也可以的。」剛巧之後數天是公眾假期，因此我留在家中約定了一個時間，透過秘書做橋樑將對話轉發。

當天下午開始聯絡上，我想先了解對方想先從哪個方向開始聊，以下對話我就稱呼該位預約者為陳小姐。

陳小姐向我表示也不知道從哪裡開始說起：「過去二十幾年我好像沒有一刻不感到痛苦，你幫我看看我的痛苦到底甚麼時候才能完結，可以嗎？求求你。」之後我問陳小姐的中文姓名及要了一張她的自拍照，拿到她的照片後，我開始入定去感受一下，因為除此之外我想不到可以有甚麼工具能用。

與生俱來的詛咒

照片中一位約四十五至五十歲的女士，身形偏瘦，紮著馬尾，看樣子好像有點疲倦，面容上有一些哀傷，可幸看上去不像生病也沒有甚麼受傷。那時候的我還沒有學習靈氣，所以只好用鼠尾草及聖木清理一下氣場，之後看著照片中的她入定，嘗試連結一下。過了大概兩至三分鐘，毫無預兆之下，我突然全身劇痛，尤其是左邊肩膊至左手，那種痛楚就像是冰寒徹骨的痛，有點像四肢被壓得太久後，充血時的那一種疼痛，我忍不住大叫了一下，同時明白這種痛楚不是源自於我自身，而是來自照片中的陳小姐。

我問：「你到底發生了甚麼事？為甚麼現在全身這麼痛？尤其是左手你受傷了嗎？如果你是受傷，也沒有理由導致全身疼痛的啊。」陳小姐回答我：「你從照片中就可以感受到？對的，我現在很痛。尤其是剛剛過去的五分鐘，我還以為是你對我在做甚麼？前兩天跟你秘書說，我早前因工作弄傷了。」

我問：「因工受傷也不至於痛得這麼厲害吧？到底發生甚麼事？」陳小姐回答道：「由於我想多賺一點錢，所以有時候會兼職到馬會工作。剛巧早前工作，在賽馬完畢拉頭馬後，我是其中一位工作人員負責協助馬匹回到休息地點。但是不知是巧合還是意外，那隻馬剛好馬前失蹄跌倒，其他人都能避開，但我反應不過來結果整隻馬壓在我身上。」

我問：「是否把你左邊身壓傷了？你的左手現在還好嗎？因為我感到那一個部份最痛。」

陳小姐續說：「是的，剛巧我在馬的右邊，牠跌倒剛巧壓在我的左半身。公司立刻安排我到醫院醫治，留院了一、兩晚就出院了。但奇怪的是明明已經痊癒，但是出院後仍然感到劇痛，後來才知道原來那晚我受驚過度，以為自己必死無疑，經醫生診斷我患了驚恐症，現在不能被別人碰到，被碰到的地方會感到劇痛，無藥可治。所以我要非常小心不被別人碰觸到。有段時間我甚至不敢上班，但是我需要錢，所以即使痛楚我仍是需要回到工作崗位。」

平復了痛楚，我繼續連結感應一下，只見照片中的女士看上去平凡無奇，但背後的黑色氣牆籠罩著她的整個上半身，不是被眾生騷擾著的那一種氣，而是彷彿與生俱來般的纏繞著。雖然當時我未曾感受過這一種氣，但當下已知道與前生業報相關。除此以外，今世亦曾犯殺業，迫於無奈的殺業……

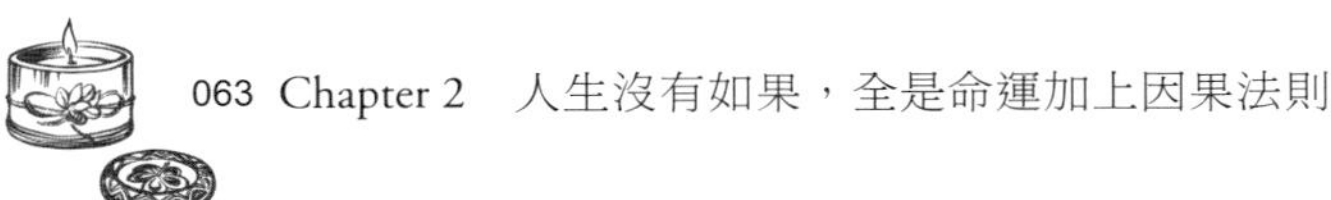

2.2 兒女債 兒女還（下）

我忍不住直接質問：「都成胎成形了！為甚麼要把他打掉？發生甚麼事讓你這樣狠心？我不明白，我不懂，你到底在往世幹過甚麼惡業，令你能有這樣灰黑的氣？你殺生了嗎？那個男人！那個小孩的父親！是來討債的，他在哪裡？」當年仍在起步階段不懂保護自己，不知是否連結了陳小姐後受到她的情緒影響，連帶我的對話也帶著一點忿恨。

錄音短訊發出後沉默了良久，差不多二十分鐘後，陳小姐才回覆。

聲音帶點顫抖的陳小姐慢慢道出她人生的其中一章：「你說的全中了，但那時的我實在太徬徨，迫於無奈才下了這個決定。我很後悔，我真的很後悔。我認識前夫的時候實在太年青，二十歲還不到，那時還未結婚，他年紀比我大，剛一起不久就意外懷

孕了，那時他也是挺高興，嚷著要跟我結婚。」

我問：「然後呢？」陳小姐回道：「他一時說生下了才結婚，一時說要趕及肚皮還未太顯眼時辦好手續，就這樣拖拖拉拉到三個月身孕他卻突然失蹤，連字條也不留一張。那時候我年紀還小，我母親及妹妹勸我盡快把孩子打掉，但那時我一股勁的戀愛腦根本甚麼也聽不進去。就這樣拖拖拉拉到差不多五個月身孕，才發現他真的不會回來了。每天都被母親及妹妹轟炸，我信心也動搖了，最後當跑到外地把孩子打掉時都成形了。可笑的是半年後，前夫回來了，說很後悔當時承受不到壓力，所以一走了之，母親當然勸我不要再跟這個男人來往，但我懷疑前世是否欠了這個男人，結果最後我也選擇跟他結婚。」

聽到這裡，不知何故忽然心裡一寒，立刻問到：「等等，你們最後是否有一位小孩？她身體還好嗎？不，我應該問她身上哪部份出了問題？」

陳小姐說：「初期我們也是挺恩愛的，但是慢慢他又故態復萌無故失蹤，漸漸我們的爭吵越來越多，最後一次他就這樣消失了從此不見。那時候我實在承受不了，因此選擇服藥及開煤氣雙料自殺，幸好被母親及時發現立刻送院搶救，醒過來時醫生卻告知原來我懷孕了，但那時候醫生勸說我最好選擇墮胎，因為我服藥及開煤氣自殺，很大機會會對胎兒造成影響。那一次我卻堅持了下來，不想再犧牲自己的小朋友，結果超聲波檢驗發現胎兒心臟出了問題。或許就是這一份執著心，結果害慘了女兒，因為她出生時缺少了一部份心臟，並入了香港醫學文獻。那時候世界各地的醫生都飛到香港參考這個病例，最後成功救活了女兒，但由於先天性缺血，所以經常性會有全身疼痛的狀態，就像是四肢缺血的那一種疼痛，而這種疼痛是無藥可治的。另一方面我女兒現在二十幾歲，但是每隔一段時間都要再做心臟手術。那時候如果選擇墮胎，或許我女兒就不需要經歷這些痛苦了。」

前因後果

聽到這裡，說真的我已不懂怎樣回覆。這是電影劇情嗎？佛經常說因果不虛，欲知前世因，今生受者是。欲知後世果，今生作者是。讓我聽到這一個故事，是不是有甚麼原因？當下我立刻問了她女兒的姓名，並立刻入定感受一下，不到幾分鐘一開始那種疼痛感又回來了，原來女兒終身所受的疼痛，就是我剛才感受到的，我實在想像不到一個小女孩需要一輩子經歷我剛才的那一種疼痛。

當下我立刻回應陳小姐：「你在第二次沒有選擇墮胎是果，也是因。的確你女兒有她今生的功課要去處理，但她成為你的女兒也是她的因果業報。她於不知那個世代之前曾受恩於你，所以她今生到來是為你承受某些痛楚，如果沒有她，你的痛苦遠不止於此，所以你應當感恩有這個女兒的到來。但我必須坦白的告訴你，女兒的痛楚不會消停的，尤幸她本性純良，還望在今生多累積福德，稍後亦希望能為你跟女兒誦經，希望菩薩憐憫。」

也是來討債的嗎？

陳小姐補充說：「其實之後我亦跟另一位男士一起，不過沒有結婚。我可否給你他的照片幫我看一下他怎樣？」之後她就發了一位男士的正面照給我。照片中男士輪廓方形偏瘦，粗眉短髮，但我一看見略感不安的是他眼中帶有很大的忿怒感，並且是相學中的四白眼（四白眼即是眼珠較小，形成眼上下左右被眼白包圍著，謂之四白眼。性格偏執、報復心強、具破壞性、不易相處、或多死於非命，為大凶之相）。感應了一會，心中大概有了分寸，這位男士也是來討債的，我也不再猜度，直接斷言：「第一，這位先生是否曾出了甚麼意外導致行動不便？第二，唐突問一句他現在有對你動粗嗎？第三，你能否離開他？如能，就這樣好好分開吧。」

陳小姐：「我不能離開他，我不忍心。他沒有對我動粗，不過他脾氣真的很差，經常會將所有的不滿發洩在我身上，每一天我也生活在言語暴力之下，或拿東西砸我。」

我不明白，不禁問：「為何不能離開他呢？」陳小姐解釋道：「女兒出生後，由於我跟妹妹的學歷不高，所以我很早就出來工作，並且投入銷售行業。那時候是香港的黃金期，所以我的確賺到不錯的收入，我妹妹也就跟我母親待在家全職照顧我的女兒。幾年後我在職場上認識了這位男士，互生情愫，他亦不介意我的背景，對我女兒也很好，後來順理成章就同居了。但是同居後不到一年，他的身體忽然感到不適，經檢查後才發現原來已經是第三期肝癌，那時候醫生立刻動手術，但是在手術期間出了事故，雖然肝癌後來痊癒，但自此下半身就動不了。這對我倆是晴天霹靂，起初我還以為是雨過天晴，結果是另一個噩夢的開始。我很內疚是否我的噩運連累了他，他亦有這一個感覺，覺得是我害了他。但他傷殘後他的家人為免被連累，竟然不聞不問拋棄他，我實在不忍心在這段時間拋棄他，所以在那個時候到現在我仍然是照顧著他。由於他一直有這個感覺，覺得是我連累了他，所以之後他對我的態度就 180 度轉變。我求求你可以告訴我甚麼時候才會完結好嗎？」

我聽後沉默了一會：「我不知應該怎去說出我所感應到的，但他也是來討債的。這個債要一直的還，直至他壽元走到盡頭為止。我能看到的是，他會很長命，這到底是好事還是壞事？」

禍及家人還是共業？

陳小姐沉默了良久方才回應：「明白。假如這是我的罪孽、我的命，需要承受這些苦楚，我唯有認命吧！就是希望不要影響到我的家人，我不想再連累別人了。」

我回應：「不能說誰拖累了誰。生於同一個家庭不是偶然的，而是因緣果報。好的人們會說是福報，不好的人們就會說是共業。加上當年家人同時勸你打掉孩子，這是罪孽，或現世報，或來世報。所以假如情況許可，你與家人多持素誦經，為自己消滅罪孽吧！」

陳小姐感到悲傷的說：「報應？不用等下世，現在已在承受了，我也快吃不消了。希望妹妹與媽媽平安渡過呢！」我追問：「發生甚麼事情了？」在等她的錄音回覆時，我暗自捏一把汗希望沒有大礙。那時候她發來了一段長約半分鐘的短片，是一位身形略胖的女士平躺在床上，沒有太大動作。當鏡頭湊近她的面容上，發現她是醒著的，眼中流著淚看著電話中的鏡頭，口中發中「嘶嘶」的聲音像在求援。我當下立刻收斂心神，感受一下發生甚麼事情。

心寒示現

先說明一下，我是看不見鬼神的，具體來說他們不會在眼前出現，但是在觀想的情況下，我是可以感受到他們的存在、想示現的形相、說話、感受、情緒等。「看著」那段短片，就明白那位女士不能動的原因，是因為在她平躺的身體上，頸部以下疊著十數位眾生，他們沒有甚麼目的，就只是這樣疊羅漢般的堆在她身上。當下我立刻從觀想中清醒過來，心裡立刻想著有甚麼方法可以幫助她，但那一刻的我的確是甚麼也不懂，只好誠心地誦唸我那時唯一懂得的心經。就這樣誦唸了差不多半小時，我回應了陳小姐。

「這位是你的妹妹嗎？她身上壓著很多眾生，她是否發生了甚麼事情引致動不了？你們一定要多誦唸經文，這情況不是永久的，總有一天會慢慢好起來，你們一定要加油。」

陳小姐感到安慰，說道：「多謝！多謝！聽到你這麼說，我一定會努力每天向菩薩祈求的。雖然我每次入寺廟拜神、誦經都會感到頭痛頭暈，好像有甚麼東西阻止我去做這件事，但我一定不會放棄的。你看到短片也知道我的妹妹動不了，但這是無緣無故的。大概半年前的某一天晚上，她如常在家看電視，忽然跟我女兒說她感到很頭暈，之後就倒下了。我們立刻把她送進醫院去做檢查，醫生說是中風，幸好及時送進醫院，否則會有生命危險，但是身體活動機能難免會受影響。留院了一段時間回家，幸好沒有甚麼大礙。但是自那天開始，有時候她就會如短片中那樣全身動不了，一開始我們立刻報警把她送回醫院，醫生檢查後說沒有再中風，但也找不到原因為甚麼偶爾會全身動不了，就像鬼壓床一樣。在一、兩個星期前，我母親到市場買菜後回家感到不適，這幾天還在醫院，醫生說是細菌感染，所以我實在受不了才會求你幫忙呢！」

無能為力的悲哀

在差不多兩小時的對話後，無力感揮之不去，坦白說我不知道我到底有甚麼能幫忙。

我說：「陳小姐，我明白你為甚麼說你很苦了。這除了是因果業報，我實在找不到甚麼理由，我在這裡只可以為你誠心誦唸，以及渡化壓在妹妹身上的眾生。」陳小姐表示：「即是我以後也是這樣子嗎？那我倒不如自殺去死好了。我有甚麼可以做？但願我此生不再痛苦。我連入寺廟求神懺悔也不能，每次準備進入寺廟的時候就會頭痛欲裂。」

我續說：「求求你，請不要有自殺的念頭。否則這個痛苦只會不斷輪迴下去，再下一世，再下下世只會不斷重複。在佛教當中只有三種方法，多茹素、多誦經、誠心懺悔；即使有多大障礙，你也要多誦經。如果可以的話，終生茹素吧。我也會為你及你的家人多誦經，祈求一天能還清業債，早日離苦得樂。我並非設身處地在你的位置，但我真能感到你的痛苦，在這個過程當中，我們要學懂了解為甚麼這個苦會產生，是由於我們再往世的所作所為導致的。假如在這一輩子承受這個痛苦能夠還清一切業報，那就讓我們承受吧。但是我們不是消極的去過餘下的半輩子。你試想想，雖然你經歷的痛苦比別人多，但最起碼你身體尚算安好並能工作；女兒天生多病痛但與你關係很好，互相扶持；在你最艱難的時候，親人都在旁邊扶持著你；最重要的是你今世能有機會做人，起碼我們還有資格、還有能力去還。假如你在這一世是六道中的下三道（畜生道、餓鬼道、地獄道）或許我們連還債的資格也沒有。發生過的事情已不能回頭，將來的事情不能預測，那麼就讓我們在今天好好的活下去，好好的用餘生累積福報，總有

一天能有意想不到的好事發生。在人生中最重要的是心念，誠心懺悔吧！不是形式上的拜拜這個拜拜那個，然後去捐錢就以為能解決問題，最重要也是最難的就是我們誠心懺悔，由心出發明白一切皆是因果業力使然，看到這一個重點，我們才會明白下一步該怎樣走下去。明白了嗎？」

陳小姐回應：「感恩你今天願意花時間聽我訴説我的故事，給予我方向。我明白了。我很苦，但是我也有最好的事物在身邊，我會努力的。多謝你。」

明白了就該放下

就這樣，兩個小時的對話完結。

我久久不能釋懷，就這樣坐在家中哭了差不多半個小時。感謝我？感恩遇到我？我於心有愧。我做過甚麼事情？聽著陳小姐的人生，我愛莫能助甚麼也做不到。與其說是我幫助陳小姐，應該說是她在渡化我，讓我清醒過來，看見自己的不足。那一刻我誠心在心裡向菩薩祈求：「老師，我明白了。我明白為甚麼你讓我遇見這一位預約者，讓我看見自己的怠惰，讓我真實的明白眾生皆苦，讓我明白你安排給我走這條路的原因。我如微塵一樣渺小，或許力有不逮，但就讓我盡力而為，好好走這條路，能遇見多少個就多少個，希望我能在離開此生前一直堅守這條路不走偏，渡己渡人，阿彌陀佛。」

或許你在看完這一個個案後，會說世上沒有這麼悲慘誇張的事情吧，但我必須告訴你這是真實存在。沒有誰比誰好，也沒有誰比誰悲慘，人生在世每人也有每人的功課，每人也有每人需要面對的困難關卡，因此佛教常說眾生皆苦。唯獨放下執著，好好的去修去學習離苦得樂的方法，才能避免繼續在這六道輪迴中打轉。

後記

在見完這位預約者後的幾個月，我亦做了這輩子最大的「斷捨離」決定：離開我金融工作的舒適圈，放下我的公司，減少幕前的工作，下定決心，好好去學佛修行。所以你說到底是我在幫助陳小姐，還是陳小姐在幫助我？

2.3 娃娃

佛教的其中一個基本核心為「慈悲心」。

憐憫一切眾生，祈願一切眾生從佛典當中有所領悟，早日離苦得樂。有時候因緣際會遇上一些個案，當確定預約者被眾生（有人會稱呼為靈體／惡靈／鬼）騷擾，我會先去了解當中的因果，之後為預約者及牽涉的眾生誦經，望他能早日超昇免再受輪迴之苦。因發心所致，故無有恐懼，但必須小心處理。假如處理中途不小心出錯或心神不定，對處理事情的我或會造成負面影響。其中有一個個案，就見因為意外地做了「架兩」（即好管閒事），結果影響了自己及身邊人。

從這一章開始，我會與你們分享我在過去一年多接觸過的預約者，他們的故事，他們帶給我的感受。個案未必是順序從遠至今，有的是比較近期，有的則是憑記憶憶述的，也有一些是由於

個案相似而合拼分享；為保障私隱，當中全部預約者名字均是虛構的，而有一些描述由於怕會引起事主不好回憶而略為改動，但完全不影響事實之根本。假如你是故事中的主人翁，讓我懷著謙卑之心衷心感謝你到來以生命印記教曉我這些道理，讓我繼續學習前行，隨喜讚嘆！

無可避免的緣份

話說某天晚上收到一位電視台的燈光同事阿強（化名），漏夜致電給我說：「JJ，有一些緊急事情想找你幫忙可以嗎？我有一位同事，他的朋友剛剛懷疑被靈體纏擾，甚至有『鬼上身』的狀態，由於太趕急想找你現在看看。」一般情況下，我只會在日落前處理有關靈異之事的個案；除此以外，只有事主或事主直系親屬找我才會處理，以免在不知情之下介入別人的因果。

我問：「到底是你、你朋友、還是你同事的朋友？我搞懵了。」強說：「同事的朋友。」我回覆阿強：「關係也太遠了吧！你不要做『架兩』牽涉其中，如有需要你可以叫他聯絡我秘書預約。」強無奈地說：「其實那位同事明天都在電視台，他可以來找你嗎？」我態度堅決地表示：「不可以，由於化妝間沒有任何保護也並非我的地方，我盡量不會在我公司以外地方處理事情，請體諒。他有需要就直接找秘書好了。」

到了第二日，我回到電視台錄影，當正在化妝準備之時，《總有一瓣喺左近》的節目監製來找我，跟我說：「JJ，方便現在找你聊一下嗎？」當刻我以為是有關拍攝節目的安排，我說可以，然後忽然之間旁邊有一位我不認識的男同事（化名Peter）出現。

Peter 對我打招呼：「你好，我是 Peter。昨天晚上我拜託強哥找你的，我有一件非常緊急的事，可否現在傾談一下？」我再一次直接了當地說：「對不起，由於我準備要拍攝了，所以不可以。」Peter 續說：「我知道，但是由於事情頗緊急的。」我猶豫了一下，但仍堅持己見：「但現在我要進錄影廠了！」

不安感

就在這一刻，節目監製做起說客來：「不要緊！如果真的是這樣危急，你先去處理吧。我們等著。」在處理身心靈相關事情，有一個情況統稱為「觸機」，就是在某個時空、某時刻，假如有特別感應或有情況不能推卻時，就唯有順應。我心想：「既然緣份來到，就唯有處理一下好了。」Peter 說：「其實求助那位親人是我的前妻，當晚我的女兒打給我，說我前妻出現了很奇怪

的狀況。我可否先給她的照片讓你看一下嗎？」隨即他就遞上手機，我還以為是他前妻的照片，但出現第一張照片是一個跟整幅牆一樣高的玻璃門儲物櫃，內裡全都是一些古董西洋娃娃公仔，驟眼數起來相信合共有超過一百隻之多。我禁不住問：「這麼多？全都是古董洋娃娃？」

Peter答道：「是啊！她自小很喜歡收藏這類古董洋娃娃，或一些古董書藉及飾物……」我邊看邊回答：「你等等！我全部看一下。」然後我慢慢地每一張照片幫他感應一下，跟他說：「這個要扔掉、這個是善靈、這個可以留、這堆沒有甚麼眾生在裡面……」，一直到我望到一個身穿紅色女僕服，有一雙閃閃大眼睛，放在地上的一個娃娃，我拿著電話的右手隨即不停顫抖，是下意識感受到不友善眾生的那份不安顫抖。

在那一刻由於我沒有任何準備，加上準備拍攝心神根本定不下來，於是我說：「這張照片中的洋娃娃有很大問題，我隱約看見一位小孩子的靈體在內，但現在我不方便處理，你也別拖延，立刻找法科師傅吧！」然後就給了我認為可信的法科師傅（記得當天我把戚法誠師傅的電話給了他）的電話號碼給他，並說：「趕快去辦吧！」然後我便繼續化妝準備錄影了。

本來打算少管閒事，就此擱下不理，不過由於當時我感受到這個洋娃娃中的眾生非善類，也許會做出一些傷害事主的事情，內心始終不安，因此在化妝的同時透過遠傳靈氣在做一些保護的功夫，包括清理那家中的負面氣場，並在那洋娃娃身上下了簡單結界封印。而在觀想中連結時，我耳邊卻傳來很多很多不同的聲音跟我說：「小伙子你不要多管閒事！這事與你有甚麼關係！是她請我過來的！你別多事啊，你去死吧！」我裝作甚麼都聽不

見，繼續入定誦經直至聲音消失。當我完成封印過程後，原本去準備錄影工作，但我實在想了解昨晚發生了甚麼事，於是走去再問 Peter 事情始末。

附靈的洋娃娃

Peter 說，他前妻一向都有買很多這類的娃娃，一直相安無事，直到不久前買了這個洋娃娃後，身體開始變差。有一晚，前妻準備入睡時，在睡房聽到外面有一把女聲很大聲說話，以為是女兒在談電話，她到客廳著女兒輕聲一點，誰不知當她走出客廳時，整個客廳並無任何人，那講電話的聲音也全消失了。她再到女兒房看看，看到女兒正在上網，便問女兒剛才有否談電話，但女兒也說沒有，那聲音是從哪裡來的呢？

前妻再回到自己房間時，客廳中又再傳出嘈雜的談話聲，但完全聽不懂說出一堆甚麼鬼話來的。前妻再到客廳查看，這次聲音沒有消失，於是她就順著聲音去看，就看見紅色衫那個洋娃娃的樣子在動、眼睛在動、嘴巴在說話。當刻前妻嚇到傻了眼，於是就不停大聲講粗口壯膽，並在櫃內拿出娃娃打算立刻棄掉，但一不小心把洋娃娃掉在地上，然後她就不停狂嘔了。

後來女兒聽到外面有動靜，從房間走到大廳就看到這場景，她慌張下就打電話給 Peter 說出件事始末。在女兒與 Peter 談話時，前妻那刻忽然變了另一個人一樣，叉著腰像壞孩子一般不停往地上吐口水！隔了片刻，前妻回過神來說：「好吧，不扔掉了！」她就停止了嘔吐。等了一回，打算致電給朋友，著朋友代她棄掉洋娃娃，殊不知一掛線，她又再次嘔吐起來，又在不停吐口水，週而復始。

事情最終輾轉找上了我，而我，就因緣際會間做了「架兩」。

禍及身邊人

拍攝時心緒不靈，也擔心會否影響到公司同事，完成當天工作立即回公司，慶幸秘書小姐沒有大礙，不過她告訴我自早上至下午五時，很奇怪的一位客人也沒有。我如常向觀音娘娘添香的時候，忽然自言自語：「不要見血好了」，當下我都不知道為何自己會這樣說。一會兒後回房間準備工作，忽然感到右手濕濕的，低頭一看發現滿手都是血，原來剛才開箱時被紙箱刑了一道傷口，縱然明明傷口並不深也沒有甚麼痛感，但差不多花了十五分鐘才止血。後來又不知怎的無故被蠟燭燒到手，反正全日感覺也怪怪的，身體也出現輕微發燒的狀態。

晚上有朋友飯局要出席，由於當晚細雨紛紛狀態也不太好，駕車時顯得份外小心，大概時速只有四十至四十五公里左右，輪胎卻連接打滑了幾次，車中的音響系統亦完全失靈，播不到任何音樂，那刻立即意會到該是被那靈體纏上了。我自身的保護是足夠的，所以那靈體便從其他方面著手，為免影響其他朋友所以我不作聲。車中的朋友於是幫我把音響跟電話重新配對，證明兩者已經連接，電話顯示播著音樂，但車的音響仍然一聲不響，我心想算了吧反正我也不一定要播放音樂。直至送完最後一位朋友，獨自駕車回家時，車中的音響忽然發出巨響，一直播著「大悲咒」，頓時把我嚇了一跳啊！

第二天早上回到公司，那種不安感猶在，因此決定取消當天所有的預約，在公司進行清理並設下一個很強大的保護。那天我誦了差不多一個多小時的大悲咒，而在我誦經的同一時間，我昨

天介紹給 Peter 的戚師傅不約而同地進行了相關的一場法事，後來戚師傅告知原來那一位惡靈騷擾事件比想像還要緊急，因此師傅也放下其他工作優先處理這件事，在當天處理好後，工作室亦回復正常，秘書與另一位在公司的朋友也沒有感到甚麼不適。

惡靈轉移

當我以為事件已經過去之際，當天晚上，我收到那位朋友的丈夫來電求救。其實當天在公司的那位朋友本身擁有極強的敏感體質，所以當我進行清理的時候，那位惡靈便轉而騷擾她。當時她丈夫正在送她回家的途中，她整個人忽然陷入失常狀態，在車中掀起褲子，不停的在大腿上寫字，從她傳來的照片所見，腿上大致寫著「你幫佢唔到，你唔好咁多事！你依家搞到我搞唔到佢，所以我依家要搞呢個女仔！哈哈哈！同埋，我唔係一個小朋

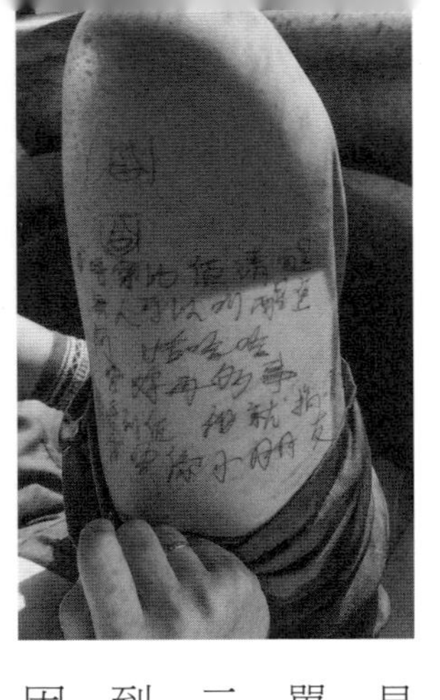

友！」那刻即使是深夜，我也立刻在家遠傳靈氣及誦經驅趕，並告知丈夫現場播放某些經文，幸好她在一小時後回復神智，之後數天亦立刻叫他們回工作現場再清理一下身體內穢氣。

雖然身邊人並無大礙，但這件事令我覺得相當內疚，感到某程度是我連累了他們。戚師傅後來跟我說：「JJ，我知道因為你學佛，有很大的慈悲心，但你都要好好保護自己，有時候都不能太好心，因為人有好壞，眾生也有冥頑不靈的。」一直以來，我歡迎所有沒有惡意的眾生到來聽經，參拜觀音，總希望他們能夠見佛學佛，早日超生，但這一個個案使我首次作出驅趕行為，簡單一點就是將他列為「不受歡迎人物」，所以事件發生之後的第二天，我再為公司以靈氣設下一個很強大的保護。完成後，我收到戚師傅的短訊，由於 Peter 及他的前妻那天晚上又有事發生，因為那位靈體反口不願意離開，並再次騷擾前妻，所以戚師傅當日即時回法壇，把那位靈體「收服」，他處理的時間，亦正正是我設保護的時間，此後我才真正感受到公司回復正常！

後記

古物，往往不知其來歷，附有靈體亦不為怪。就如這個經歷的主角，隨意購下已邪靈附身的洋娃娃，帶來的驚嚇事小，惹來殺身之禍事大。世事萬物不離因果，究竟是事主找上洋娃娃？還是事主被洋娃娃盯上了？有些事情的確存在前因後果，經過今次事件之後，我當然不會放棄「慈悲之心」，但萬物眾生都會有執念，令「它」不能（不願）離開。有些事，一時三刻未必能夠化解，只怪當時自己能力不足矣，我亦相信，解鈴還須繫鈴人，希望總有一日對方放下執念繼續上路。

2.4 母女

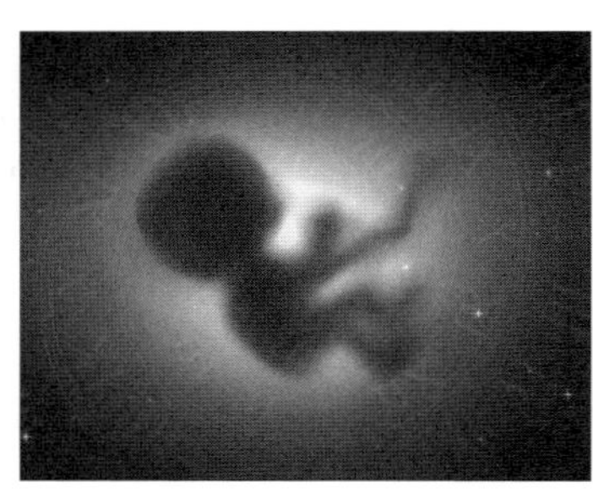

甚麼是因緣？佛陀覺悟成道，其中內容就是「因緣法」。他認為世上一切事物皆離不開因果道理，構成事物的主要條件是「因」，成就事件發生的輔助條件是「緣」，而世上發生的一切事件必須要有俱足因緣才能生起，不能獨自存在，即是說在「我」身上發生的一切現象不會無緣無故發生，只是現在因緣俱足，時機到就發生了。

世上一切皆有因緣

而從因緣法則引申下去的，就是佛家所說的「十二因緣」（無明、行、識、名色、六入、觸、受、愛、取、有、生、死），即是利用「因緣法」去解釋生命的循環現象。在這裡不多花功夫去詳細闡述這個道理，只是希望以下的個案讓你明白生命的因緣和合，及生老病死的必經階段。

生、老、病、死，是每個人都要經歷的階段，即使是佛陀在世也必須經歷，但他從不懼怕，因他明白這只是人生必然經過的階段，只是虛妄的幻像，既然因緣俱足事情必定會發生則無所懼。但大部份人面對生離死別，還未覺悟的，總會有不同程度的痛苦；有人離去自己捨不得放手，也許會問「為甚麼？」，我也會問一句「為甚麼會問為甚麼？為甚麼不可以？」，未曾擁有的每天也祈求得到，也會問「為甚麼沒有？」，這些就是人生八苦中的「愛別離」與「求不得」呀！知易行難，大道理任何人也懂說，我日常也會處理不少個案與這些課題相關，但曾經，我接觸到一位預約者，她的故事令我在那一段時間也帶著一份沉重的心情。

我能如願有我的孩子嗎？

預約者是一位與我同齡的女士（化名馬太），身形高挑，眼神和善，但帶著一點憂傷，彷彿很多説話藏在心裡欲言又止。她找我的目標很清晰，想了解一下生兒育女的狀況，將來能否有小朋友。在問了她的中文名字及得她准許觸摸她的手後，我開始去探知她的脈輪狀態與生命週期，從而找尋所需的答案（那時候已開始修習不同派別的靈氣），觸摸著她的左手，我閉上雙眼慢慢的説：「一位、兩位、三位……媽媽！很痛！媽媽！很痛！其中有一位小孩發出這聲音。另外，你的心輪是緊閉失去光芒的，有一些與小孩有關的心結讓你追悔了很久，都過去了，Let Go吧！」説罷，我開始自顧自的誦唸心經，為我觀想中的小孩誦經超渡，祈願他們都回到菩薩身旁，早日輪迴。過了一段時間，我徐徐張開雙眼，問她之前失去多少個小孩，我用的字眼是「失去」，並非「打掉」，根本性質是完全不同的。

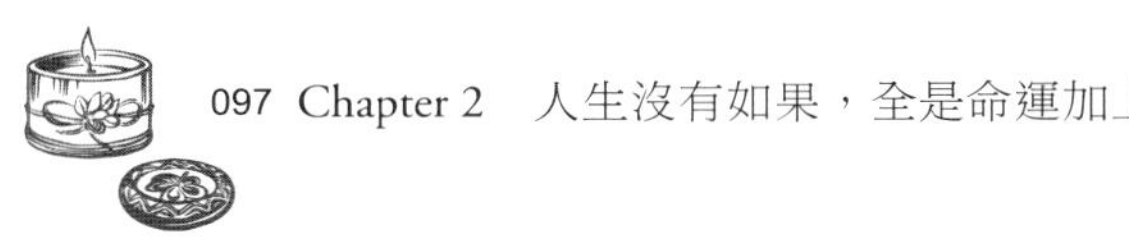

馬太聞言隨即在我面前痛哭，說：「我流產過一個。」我說：「數字不對。因為我看見的是你有兩次流產經歷，但是在年少的時候應該有其中一位是打掉的，所以一共有三位！」馬太先至愕然了一下，說道：「你的說法如我之前看過的算命先生是一模一樣的，他說出我流產過兩次，其中有一次可能我還未注意到就已經流產了，而你說我有關人工流產的也是對的，我在非常年青的時候已經跟我男朋友在一起，也就是我現在的丈夫，那時候年紀太小，剛剛出來工作，還未結婚，但是意外地懷孕了，那時的我們根本無法負擔一位小朋友，所以商量後決定人工流產，將來結婚後再嘗試懷孕，我們一直也是這樣想的。結婚後我們很想要小朋友，但是怎樣嘗試也不成功，成功過但又流產了，結婚至今也差不多十多年了，我倆也十分喜歡小朋友，希望可以有我們自己的兒女。」

用另一種模式回來

我說：「你是否到現在還未有小朋友？」馬太表示：「是，但我真的很希望有小朋友，你可否幫幫我？我跟先生之前曾經流產，加上我的年紀漸大，所以很擔心。」我再觸摸著她，說：「我再幫你誦經並加入靈氣為他們送上祝福，先送走你第二及第三位小朋友，其實剛才在我的觀想中，我有感受到他們的形相，他們並沒有生你的氣，只是緣份未到而已，所以你不要放在心上，你生而為人，多茹素、多誦經、多誠心懺悔。至於你的一生中會有四位小朋友，第一位未能成人的小朋友，會是你第四位小朋友。」

說畢，其實我都不太明白我自己所說何解，續說：「第二及第三位小朋友，本身有緣份，但因緣未俱足最終無法出世，而你第一位放棄了的小朋友，跟你有著很深的緣分，所以一開始人工流產她是非常失望的。但是她與你們的因緣真的很深，所以當因緣俱足時機成熟，她會回來你身邊並成為你的第四胎。但這一關很難行，在她孕育及出生時會有很多障礙。我希望你如果真是再懷孕，首先不要再做人工流產，第二我希望你可以好好保護她。」

馬太聽後坦言：「真的嗎？之前有其他師傅跟我說，我第一位小朋友總會回來的！以前不明白他說甚麼，但聽你解釋後現在懂了。我與先生一定會好好愛護及保護她的，絕對不會再做讓我們後悔的事。」我續說：「無錯！總有一日她會回來，甚至比你預計還要快一點，她一定會回來找你的，但她會以哪一種模式回來，這個我暫時也未能得知。我希望你可以好好明白箇中的道理，好好去珍惜，活在當下。」

如願 緣起 緣滅

結果，事隔不久，馬太有一天跟我說：「JJ，多謝你，我真的再懷孕了，不過，我作小產。」我說：「好，我盡我的能力，用靈氣幫你做治療，希望盡量幫到你，但你要好好的照顧自己。」再過一段日子，馬太又再找我，說：「我很擔心，我老爺奶奶剛確診新冠，我怎辦？」我那一刻也很擔心，我明白，難關是會很多，但可否不要那麼的嚴重？當然，我沒有真的對她說。我對她說：「冷靜！冷靜！一定要聽我之前分享那條可以補充體力的音頻短片，補充抵抗力。」

再隔兩天，馬太再打來給我：「JJ，我自己都確診了，我的小朋友會如何？」我當刻只能為她每天誦經，跟她說：「多點休息，一定要保著小朋友。」幸運地，過了大約七、八天，馬太已

經轉為陰性，但由於營養不足，小朋友很虛弱，比正常的胎兒細。我說：「不要緊，最重要身體健康。」

過了一段時間，馬太跟我說：「JJ，很大件事，你一定要幫幫我，我妊娠中毒，醫生說非常危急，所以我即時要入院引產啊！」我聽後立時感到不安：「引產？你最初來找我，到跟我說懷孕，到現在只是很短時間，你胎兒很細？」馬太表示：「是的，我小朋友現時仍未夠六個月，大約二十多週而已。」

那一刻我在家中，雖然已經很累很累，但即時哭了出來，哭是因為無能為力，但這令我發現，這一份功課真的很「重」，我只能夠盡力而為，把我所懂得的誦經、能量，無條件地送給她，並說：「你要好好保護自己、照顧自己。」心內生出一個疑問，為何這種痛要發生在這對夫婦身上？

結果，小朋友成功出生，但體重完全不達標，要放在氧氣箱，馬太對我說：「JJ，我真的害怕，很不捨，該如何是好？我可不可以給小朋友的相片你看看？」當我接過她的相片，看到一個很弱小的小朋友住在氧氣箱中，大約只有一隻半手掌的大小，全身插滿喉管。馬太無奈地表示：「醫生說我女兒器官正在衰竭！」我只有安慰她：「盡力而為，隨緣。」

那幾天，我每天下班回家，都是為小朋友抄經、為她誦經。可惜的是，有一天的凌晨五時五十九分，收到馬太的短訊：「我女兒走了。」

可能這個心情，只有做父母的才會明白，又或者當你明白做

人有多「苦」，才會明白這件事有多「痛」，但這正是我們每一個人都要面對的問題，生與死的問題，亦是佛教常提到「人生八苦」中的「求不得」和「愛別離」。

馬太很傷心：「我真的很捨不得女兒，我可以怎樣辦？」我說：「不要緊，這一刻，你最重要是照顧好自己，總有一天，她會以其他方式在你身邊出現。她曾出現在你的生命當中，但是你放棄了。這一次她到來是讓你了解那一種失去的痛。別起嗔心，該還的都還了。你們的緣份未盡，總有一天她會再回來的！那一次就是她報恩的時候。」

或許有天我們會再見

我明白、我了解生死無常，上天給我這份功課，讓我明白，生與死這件事，是可以有多痛，但我們不是正正在學習嗎？正如我最初跟馬太說，第一個小朋友，會以另一模式回來，雖然有些人可能會說，小朋友是回來討債的，但這還重要嗎？因、果，我們作為凡人，未必能夠完全理解，但抱著感恩之心，至少十多年前所作的孽，小朋友在這一刻以這種形式回來，在馬太肚內存在一點時間，到最終出生，不就是要說：「媽媽，我沒有生你的氣，哪怕只是做了一、兩日母女。我沒有生你的氣，感受到你的愛，謝謝你，將來會以另一種模式相見，無需傷心，可能我會以另一種模式照顧你們呢！」

如果大家明白色即是空、空即是色，不是要你了空，不是要你了斷所有五蘊，而是要明白，作為一個人，存在於世上，是包含世上所有的事情。小朋友並沒有離開，她以這種形式出生，在媽媽的生命中，存在著最美好的兩天，感恩您曾在我的生命出現過。

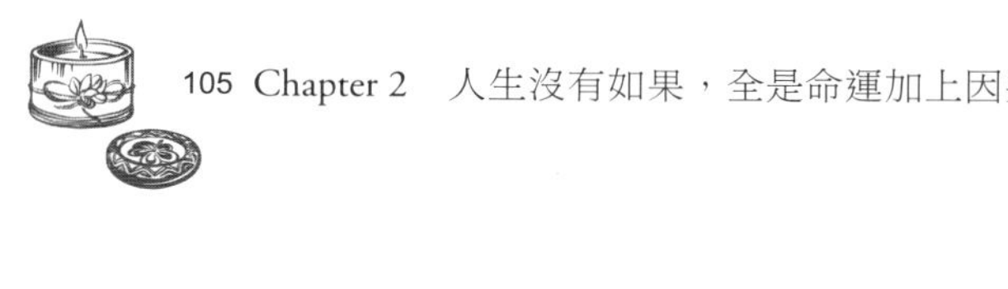

後記

年多後，馬太再次找我，除了感謝我當時陪伴他們度過最艱難的時刻，他們亦重新計劃下一步，假如馬太你正在看這一段，我在期待著你的好消息，因為我這一次幫你抽到的牌很好啊！

2.5 胎記

在過去一年多處理的個案，接觸的預約者超過一千多位，其中我被問及比較多的一些問題都是來自父母。「我現在的孩子是來報恩還是來討債的」、「我與我的子女緣份如何」、「如果他們是來討債的我有甚麼要處理或去做」……百世修來同船渡，千世修來共枕眠，更何況是懷胎十月的子女？緣份當然是有的啦，但是善緣還是惡緣，一切還是要看因果造化。

遇著這些問題，我普遍也會回答：「緣份當然是有的，但假如我現在說他是來討債的，你是否會待他不好？假如我現在說你其中一位女兒是來報恩的，你是否只會重點栽培那位？其他一概忽略？為人父母哪管兒女是報恩還是還債，既然有莫大因緣，不應有分別心，只管盡力而為給予無盡無私的愛與關懷如菩薩，這是世間最大最美好的修行。假如他們是來『報恩』的，固然是莫大福報；但假如是來『討債』的，那就盡力而為，平常心面對。今世還清，將來

有緣再遇就共結善因好了。」但在云云個案中，我曾處理過一個在大氣電波公開求助的個案，被騷擾的小朋友竟然與騷擾她的「眾生」有著莫大「因緣」？

緊急越洋求助

以下要分享是一個來自澳洲的個案，個案本身是定居於澳洲已一段時間的李氏夫婦及其兩位子女。李氏一開始並非直接聯絡我，而是致電到潘紹聰的網台《恐怖在線》求助，因為某些靈異事件發生，一家四口早已被嚇得六神無主。而剛巧那段時間我亦於寺中參與法會，因此未能即時處理。

先簡單交代一下，李氏一家四口居於澳洲多年，一直生活平安愉快，從來沒有跟任何怪力亂神之事扯上關係。有一天，大女兒參與學校旅行，到附近郊外樹林湖泊遊玩。女兒與同學們遊玩得盡興，還拍了些照片給母親，照片中見到有些樹木及小河，陽光不太猛烈，感覺空氣清新，亦有非常舒適寧靜的感覺。旅行途中女兒並沒有感到任何不適，但自那天開始連續數天晚上，女兒會突然失控痛哭，狀甚驚慌，由於女兒生性乖巧亦從未有這種狀態，因此父母也被這突如其來的行為嚇到。直至某天晚上，女兒再次發作，而且比以往更為激烈，父親見狀立即過去抱著女兒安慰一下，並詢問到底發生甚麼事情。女兒的回應卻非常駭人。女兒哭著説：「爸爸，我好驚呀！這幾天一直看見有一男一女在家中走來走去，其中一位女士好像很兇神惡煞的看著我。剛剛她跳到大門上的天花板角落，黏在上面不動，但眼睛一直看著我。」爸爸被這段對話嚇得不懂回應，正當思考著該怎麼辦的時候，女兒又大叫：「呀！她跳下來了！正在走過來！走開呀！走開呀！」

由於爸爸甚麼也看不到，也感受不到甚麼靈體，但下意識相信女兒，所以只好坐在沙發上抱著全身顫抖的女兒，瘋狂對著空氣責罵：「你幹甚麼？走開呀！不要再騷擾我女兒！要騷擾你就騷擾我吧！立刻走開呀！」經過爸爸一輪聲嘶力竭瘋狂輸出，女兒又再大叫：「爸爸，她現在跟一位男士走上了一樓呀！」（李氏一家居於澳洲大屋，地下是客廳、飯廳及多用途空間，而一樓就是他們的房間）經過一段時間及安慰，女兒終於回復平靜，但由於女兒並沒有交代那對男女之後的去向，因此李氏一家只好選擇全家人一塊兒睡在地下客廳中直至找到解決方案。

由於他們不認識澳洲有甚麼師傅或宗教團體協助他們，加上由於李先生在香港有一個葬禮必須出席，所以迫不得已必須回港數天，而李太又是《恐怖在線》的忠實聽眾，因此決定碰一下運氣打電話去求助。當天晚上聽眾們非常熱心，一些高靈人士也說出不同版本，有些說是李氏的冤親債主；有些說女兒在郊遊時招惹到水鬼；有位聽眾更說女兒被兩隻蛇妖跟回家中索命，並叫李太立刻去買硫磺粉灑於家中花園，並去買蛇不喜歡的鳳仙花放於家中，所有問題均會解決。李氏藥石亂投，當然甚麼方法也會試，但奈何仍解決不到家中出現那對男女的問題。

與靈體直接溝通

到我出寺後回到公司，一打開電話已收到這個個案的留言及短訊，並得知李生從澳洲回港三天出席喪禮，我剛出寺他就要回去，結果緣慳一面，但亦代表這數天只有李太跟兩個小孩無助的睡在客廳呆等救援。剛嘗試處理相關個案時，我由於不太了解事情始末，因此先叫李太與孩子自拍照片給我確認一下她的安全，並要她拍攝數張家中的照片看一下該空間中是否有不尋常的靈體存在，再看看之前她們傳來郊外的照片及視頻，看看能否發現事

情端倪。在與李太的對話中，一邊安撫著她，一邊著她們放心，説著説著忽然在其中一段視頻中隱約看見了一位紅色的女士，及一位藍色的男士跟著李太的女兒。不同顏色的能量及氣場在當下會反映不同狀態，所以即使是同一種顏色在感受者眼中可以有不同解讀，在當時透著紅色氣場的那位女士顯得非常憤怒，而透著藍色氣場的男士則帶著一股濃濃的哀傷看著女孩。

於是我問李太女兒當天郊遊的狀況：「想問一下你知不知道當天你女兒去遊玩的時候有沒有頑皮做了甚麼不敬之事，所以意外地得罪了兩位眾生？」李太顯得莫名奇妙：「應該沒有吧。我女兒平時很乖巧的，也很懂禮貌，加上與一班外國的同學去遊玩，該不會做甚麼無禮之事。但你説出了一件事，與數天前《恐怖在線》其中一位師傅所説的不謀而合，他也説我家中有一位紅色光的女鬼，及一位藍色光的男鬼。」既然問不出甚麼來，我便先把一些錯誤訊息排除。我跟李太說：「你先不用關電話，我現在會嘗試意傳與他們溝通一下，但當中有些誤會，他們並不是蛇妖，所以你那些硫磺、甚麼鳳仙花，通通都是無關係的，對事情也沒有幫助。」說罷，我便在工作室中的觀音菩薩像前靜下來入定，先用靈氣保護了自己及李氏一家，並透過意念與那兩位靈體溝通。原本我懷疑是否小女孩意外冒犯，兩位靈體想得到一個道歉、或迴向、或一些金銀衣紙等物品就好，怎料連繫上那位氣沖沖的紅色女士時，她的第一句說話竟是：「她是我女兒，我要帶她走！」

女兒的胎記

我聽到這個回答時，一時之間真的想不到該怎麼回應，這當中應該有甚麼誤會吧！當刻我便嘗試回應那位女靈體：「太太，這應該有些誤會吧。這位小女孩的媽媽在這裡，假如是投胎轉世，她現在也完全忘記了。你把她給嚇著了，要不這樣，我現在就好好為你誦唸九遍經，好好放下執念，上路投胎轉世。假如你與你的子女有緣，或許將來會重遇呢？菩薩慈悲，願你懂得放下求不得之苦，緣起緣滅，自有安排的。」

在觀想中藍色那位男士仍默不作聲看著他們口中的「女兒」，紅色那位女士則說：「你知道我們找了她多久嗎？自己的女兒我怎麼會不記得？這個女人偷了我的女兒，我要帶她走！」當下我沒有回應，只希望能透過連結回溯過去，了解今天這件事發生的緣由。慢慢我陷入了一段段走馬燈般的回憶，他們的回憶。片段中的影像很模糊，模糊得看不清衣著裝扮甚至聲音，顯然久遠到差不多遺忘了，但有其中一段顯得異常清晰，就是有一家三口的家門前已差不多被洪水淹沒，爸爸抱著看上去年約八、九歲的女兒，母親則在後面慌忙跟隨。不知逃到甚麼時候，腳步始終快不過洪水，就這樣三人俱被洪水沖散了、淹沒了。就這樣，這對父母一直在等，一直在找了數不清的年頭，直至緣起在山林中遇到這位「感覺」像她女兒的小女孩，也難怪那位父親感到悲傷，因為一直內疚抓不緊女兒。

大概了解到事情的因緣，及那兩位眾生的執著，我便嘗試去開導。我問：「完全明白到你們的悲傷及憤怒，但你怎去確定她就是你的女兒呢？」她說：「自己的女兒我絕對不會認錯，還有，她右邊膝蓋有一個小胎記的，你不信可以去看一下！」然後我忽然問李太，你試試脫掉女兒的長褲，看看她右邊膝蓋對下的位置，有沒有一個胎記？李太二話不說便回答：「沒有，我女兒無任何胎記」，但我再說：「你先檢查一下再回答我，因為我看到她有一個胎記，不是很大，就只有一個指甲般的大小。」李太過一陣子傳來了一張相片，說：「有！有一處手指頭大小的印記，但她出生以來一直都沒有這個胎記的。」

我再問她：「女兒現在是否大概八至九歲？」李太答：「是啊！」我續說：「那便是了，因為要到這個歲數才會示現出來，在某一世度你女兒是這個時候去世的。」李太回說：「那即是甚麼事？他們是甚麼冤親債主來討債嗎？」我解釋說：「你不能怪他們會跟著你的女兒，她倆沒有說謊，在某一世度你的女兒曾是他們的女兒。」

前世與今生

跟著再連結那紅色的女士及藍色的男士時，他們跟我說：「你看到了嗎？這是我們的女兒！這個女人搶走了我們的女兒！」我說：「她並沒有搶走你們的女兒，這個的確是她的女兒。你們找不到女兒是因為她很早就投胎轉世了，你們也放下轉世去吧。」紅色女士堅決表示：「不是！這是我女兒！這是我女兒！我女兒右腳有一片胎記，不相信的話你去檢查一下！」我明白為何他們會這麼憤怒，情況等同你有一日逛街時發覺有人拖走你的小朋友一樣，我相信任何父母也會像發了瘋似的。我再跟他們說：「好，這是你們上一世的女兒，但今世，在這一個時間，有緣再見，但你們是時候要放手了，因為你們上世情緣已完了，不能在這一個地方再執著。」紅色女士續說：「不行！這是我女兒，我一定要帶她走！」

我再跟他們解釋何為前世因果、何為今世、何為執著、何為放開，並說：「如果你弄清楚這一個真的不是你們今世的女兒，而你們上世的女兒，幸運地投胎今生再做人，而她今世的父母待她亦十分好，但你們這樣回到她身邊，的確傷害了這個女兒，你是否仍想她在這種驚恐中受苦？做父母的心情我絕對理解，但是有時候要懂得祝福、懂得放開，因為有時愛一些人，不等如你一定要捉著她、不放手，甚至帶走她。假如每位父母也想將最好的給兒女，何不成

為他們的護航，把你的執念，好好的轉化成好的能量送給這個小朋友，這才是真正做父母應做的事。」這些道理，藍色的男士完全明白，但紅色的女士不明白，說：「不行！無可能！」我再跟她說：「你們總會有緣份再見，總會再以不同的形相再會，可能當這個女兒有朝一日成為他人媽媽時，你們會成為她的子女？這何嘗不是一段好的因緣？如果你說你有這麼大的能力，為甚麼不把這個力量送給這個女兒？這何嘗不是一個很大的功德嗎？」

之後的意念中大家陷入一片沉默，我便說：「眾生平等，眾生皆苦，但最苦還是我們自找『求不得』、『愛別離』的苦，我真的為你們的苦感到悲傷。放手吧，我為你們誦經送你們離去好嗎？假如緣份深厚，總有一天你們會以不同形式相見的。最終，紅色女士都說了：「好吧。既然是這樣，我們也慶幸終於找到她，也見到她現在過得很好，父母疼錫不用跟我們一起受苦，我們那就安心放下了，感謝你。」得到准許後，我便盡我最大的能力為他們誦經，希望他們可以放下這個執著心超昇，不再受苦，亦把這個祝福送給那個女兒，希望他們有一日能相遇。

完成後，我再跟李太解釋，希望她不要生氣。當然，李太一開初不能接受，始終她認為那紅色的女士及藍色的男士不明不白地嚇她的女兒，但我說：「情況相同，他們都是誤會你拿走了他們的女兒，你又真是拿走了他們的女兒，只不過是另一世的女兒罷了！但你作為媽媽，你應該完全明白那種痛苦，那種不願放手的痛苦，大家都是為人父母，你還會生他們的氣嗎？」

李太想了一回說：「這又真的不能生他們的氣，我明白了。JJ，我有甚麼可以做到？我可以為他們誦經，為他們祝福，希望他們早登極樂嗎？我明白那個媽媽這麼久都不去輪迴，就是為了

找他們女兒，我明白這種痛苦，換轉是我或會作同一個選擇！」最後，我對李太說：「可以！感激你的慈悲心腸。我也不收你費用了，你可以捐款到慈善機構做功德，但有一件很重要的事希望你們可以去做，當你丈夫回到澳洲時，你們二人茹素一周也好，一個月也好，但一定要為那一對父母做這個功德，把茹素的福蔭迴向給他們。」李太承諾他倆一定會照做。事情至此也算功德圓滿，而那天後他們也沒有再被騷擾。

後記

佛典中有說出人生八苦，包括生、老、病、死、求不得、怨憎會、愛別離、五陰熾盛，不只是人，眾生也各有不同的執取，但願我們都能從不同的痛苦經歷中學習。學習過，就放下，只要心存善念，懷慈悲之心面對每一件事，其實一切都沒有甚麼可怕。

2.6 佛緣

很多時候我也會被問到「我與誰的緣份深厚嗎」、「我與誰誰誰到底是否有緣」、「我想讓誰愛上我可以怎樣做」、「我與誰的惡緣實在太痛苦，到底甚麼時候才會完結」、「我有沒有佛緣？菩薩會眷顧我嗎」等等。世上所有因緣千絲萬縷，極其複雜，我只是凡夫俗子，試問怎能夠單憑幾句說話可解釋一切？所以大部份只抱著好奇心去追問的，我一概只會回答：不清楚、不明白、不知道。

在佛學中，有《中觀論。觀四諦品》解釋過，「諸佛依二諦，為眾生說法，一依世俗諦，二第一義諦」。第一義諦說的是真理，是固有永有的存在，因此不受因緣變化而影響，例如佛說的真理就是恒久不變的。篇幅所限，未能在此詳細解釋。另一方面，世俗諦簡單而言就是緣起法，世界運行的基本法則。我們經常會把「緣份」、「無常」掛在口邊，說的就是緣起法。無常說的是世上發生的一切現象皆不可控，隨時會開始，隨時會失去，而當中

發生的一切現象因則受因果業力所影響。假如我們真切了解這個道理，了解到世上沒有一件事能執著可控，那麼在面對生命中發生的種種狀況時，我們就會學習處之泰然，隨遇而安，就是佛教中的「放下，不執著」。但「緣份」是否就如電視劇般的發生，有一天你與我在街上相遇，四目交投，就此一見鍾情？還是有一天走進佛寺中，忽然看見佛像發光，就此皈依佛道？或許你可以看一下這個故事，讓你了解一下甚麼是「緣份」。

第一次結緣

我與阿文兩夫婦（化名）相識得很有趣。由於我經常會到香港的其中一所寺廟參與法會及義工服務，有時候為了貪一時方便會把車泊在路邊，剛巧有一次他們的車泊在我的車後，之後他們便開玩笑給我發了一個 IG 短訊，笑說小心被抄牌，否則會一同受罰，就這樣有了一個不錯的第一印象。後來過了一段時間，好像是2022年我準備回寺皈依前的一個週末，他倆到我的工作室挑選水晶，剛巧我接待完其中一位問事者，從房間出來準備休息一下，阿文走過來禮貌的打招呼。眼前的這對夫婦很年輕樸素，看上去只有三十出頭，拖著手走過來打招呼顯得恩愛，但又帶點害羞，估計應當是新婚不久的。但不知怎的，我忽然生出了一種似曾相識的親切感。

阿文輕鬆地說：「哈哈，師兄你好。我倆就是之前在IG發短訊祈求不要一同被抄牌的那位男士，她是我的太太阿嵐（化名），你現在有空嗎？我想選購一條水晶送給太太，不過不懂應該怎樣挑，你可以幫我們選一下嗎？」我笑著回應：「哈。原來是你們。好的，阿嵐你可否向前走一步，讓我感受一下你的氣場可以嗎？」說著我便安定下來感受一下。感受了一會兒，我心想是否自己有點累，為甚麼甚麼顏色氣場也感受不到？忽然一種奇

怪的壓迫感湧來，是來自眾生的壓迫感。不是一位、兩位眾生，而是數不盡的眾生通過眼前這位女士，走到我的跟前。

身體出現問題

由於我每天回工作室均會誦經、持咒、及建立一個保護結界，因此一些帶有惡意或氣場較弱的眾生是不能進入的，但眼前的眾生們則通過阿嵐到來，想求助，想哭訴，想拜佛，想求解脫。當下我立刻暫停所有工作，要下一位問事者等等，再叫秘書燃點藏香作淨化空間之用，向觀音菩薩問訊後，便邀請他們到房中詳談。他們顯得有點不知所措，本來只是到來打算隨便挑一條水晶，應該不會錯誤入了黑店，怕被砍得一頭血吧。我說：「放心吧。今天我們三位見面是有原因的，你們不是有一些很大的疑問要解決嗎？」

甫坐下，我便直接詢問：「今天時間不夠，我單刀直入吧，阿嵐你是否敏感體質？不是先天的，而是到某一個年紀，發生了一些事情，然後就被靈體騷擾，甚至影響健康？」他倆被我的直接嚇怕，然後阿嵐娓娓道來：「其實你說的全都是對的，所以今天本來打算買一條水晶作保護之用。我本來是完全正常的一個人，但有一年我與阿文到酒店入住一晚慶祝紀念日，當天晚上我們喝了一點酒，睡至深夜我起床到洗手間，忽然感受到一個黑色人影在洗手間中，我嚇了一下失足撞到頭部。雖然沒有大礙，但是也進了醫院檢查一下，結果出來一切正常。」

阿嵐續說：「自從那天開始，我身體便出了很多不同的問題，例如有時候會感覺有大量聲音與我對話，或身體不同地方出現極度疼痛，尤其是女性部位；有時候也會無故出現失神狀態，胡言亂語。但是能看的醫生基本上全都看過，能做的檢查基本上全都做過，全

部報告均顯示身體上、精神上一切機能正常，醫生也解釋不到到底發生甚麼事情，只是叫我們繼續留意身體狀況。就這樣度過了數年，影響到不能上班，我實在受不了。我甚至告訴阿文，寧願告訴醫生自己是精神病，隨便吃下一些鎮靜劑讓自己變得呆滯也許更好，但阿文知道我不是精神狀況出了問題，所以不准許我這樣做，他告訴我夫妻應該甘苦與共，共同渡過所有困境的。」

冥冥中自有主宰

聽後，我再問：「這一段時間你們沒有找法科師傳，或其他宗教協助一下嗎？」

阿嵐無奈地表示：「有找很多不同類型師傳處理過，每一位解釋的也有點不一樣。有的說我得罪了靈體，有的說我有很多冤親債主，總之不盡相同。有一位師傅教我可以召請天兵天將，或其他師尊到來我身作保護，我試著照做，但情況沒有改善過。」

我說：「每位老師也有他們不同的看法，我不懂所以不評論。但我確切的告訴你，你不是有甚麼冤親債主，你現在的情況就像一所華麗的百貨公司，沒有保安員但中門大開，任何人有需求也可以隨便進來。你的身體就是那一所百貨公司，保安員就是一個正確的保護或正信的宗教，任何有需求的人就是有不同需要的眾生，這樣的比喻你明白了嗎？所以你配戴甚麼水晶也只是間接的幫助，到最後你只能透過自己去了解當中的因果，去找尋方法解決這個問題。由於時間所限，我今天只能簡單幫你清理一下身上的負面能量，讓你感覺舒服點，將來有緣的話我們再詳談。另外，順便問一下，你皈依了嗎？因為下意識我覺得你們有這個大因緣。」之後大概用了半小時誦經，配合靈氣法門中清除負面能量

的方法清理阿嵐身上的不潔氣場，阿嵐慢慢感覺身體好像輕鬆了一點。阿文表示感謝：「師兄。我們今年也決定皈依佛教了，就是下星期週末在跟你第一次相遇的那一個寺廟。」

那一刻我才知道，原來我們三位是同一天皈依，雖然當時我未感應到當中的因緣，但後來發生的一切慢慢讓我們相信冥冥中自有主宰，也是我們的緣份。

第一位眾生求助

我跟阿文兩夫婦十分投緣，有時候會一同討論佛學，一同參加法會做義工，那種感覺熟悉得好像認識了很久，但當我想感知一下當中的因緣，始終一片空白，或只是一些零碎的片段。阿嵐身體或精神時好時壞，有時候因為被眾生騷擾感到不適，會上來工作室休息一下，直至好轉才離去，慢慢地到工作室變成了他倆的習慣。

有一天，阿嵐短訊秘書說稍後會上來，結果等了很久才到達工作室。她上來時一臉惶恐，秘書問她發生甚麼事。她似哭著臉說：「JJ好像經常很勞累似的，我今天終於明白他辛苦的地方在哪裡了。剛才我從地鐵站一路走過來，我數不清沿途有多少眾生一路揮手，一路叫喊著求求你帶我上去觀音菩薩那裡好嗎？他們都知道我上來這裡，他們都知道我感應到他們，他們都想超生離開，不想再受苦。原來一直以來想排隊找尋答案的不只是我們呢！」我聽到後哭笑不得，心想你們上來敬拜菩薩當然無任歡迎，只是祈願自己能有足夠休息，同時間我也開玩笑怎麼他們把阿嵐當作是免費交通工具，直至後來我才了解有一些眾生也是需要求助的，有時候他們也需要一些「媒介」協助。

就在中秋節期間，有一天差不多下班的時候，阿文說剛好在附近，順道想送一盒月餅給我。等了一會兒他們來到，我剛好在清理工作室，抬頭一看只見到阿文，便隨便問一句太太在哪裡？他莫名奇妙的回頭看，發現阿嵐沒有進來工作室，只是一直站在門口。

阿文望著企在門口的太太：「你站在門口幹嗎？進來吧。」阿嵐忽然以小孩般的語氣回答：「我……我……我不進來了。我站在這裡可以嗎？我害怕……」阿文語氣帶點急速，說：「你怕甚麼？你每個星期也上來的。你昨天晚上不是一直嚷著今天要到來找JJ嗎？」阿嵐沉默了一會：「我……我害怕，我進不來。」我這才意會到有些不妥，放下手中的工作，走到玻璃門前看著阿嵐。眼前人並不是我認識的阿嵐，於是我把身心定下來感受一下，發現原來不止一位眾生。我便說：「小妹妹，不用害怕。你不是想過來找我嗎？你放心，我不會傷害你的。我准許你進來，你不用害怕，其他人進不來的。」

行為出現異常

「阿嵐」笑了一下，然後戰戰兢兢的走進來，像小孩子捉著爸爸衣袖那樣，一直站在阿文身後偷望著我。阿文見慣不怪，說：「其實今天我們的確有一些問題想找你幫忙的，昨天我剛巧在觀塘附近工作，下班後跟太太吃晚飯。那間餐廳在地下，剛好旁邊有一條窄巷，放著一些巨型垃圾桶。吃完晚飯我們站在大門口討論一下下一站到哪裡，不經意的同一視線望向窄巷那邊，發現有一位男子看著垃圾桶若有所思。正當我與太太猶疑他想做甚麼的時候，他慢慢穿過垃圾桶，「走」入牆中消失不見了。我們相對呆了數秒，確認大家看到同一個畫面，之後便立刻回家。回家後太太身體便開始疼痛，表現也變得十分奇怪，差不多整晚沒有睡覺，說明天要去探望 JJ 叔叔。」

我看了一下，慢慢說：「小妹妹，你不用害怕，這裡沒有人會傷害你。你跟我過來觀音菩薩這邊好嗎？那裡有一些糖果及巧克力可以請你吃。」說著我便與阿文慢慢扶著阿嵐到觀音菩薩像前的地氈坐下來，並給她一些巧克力吃著。坐了一會兒，我便問：「你為甚麼想找我？你知不知道這樣會弄得姐姐很不舒服的？」

「阿嵐」回答：「阿文哥哥與阿嵐姐姐對我很好，姐姐整晚都跟我玩，他們也有誦經給我聽。但叔叔很惡，他要我『搞』姐姐。我不想這樣，因為姐姐很好，不想傷害我，跟著叔叔就打我，我不斷跑他就不斷追打我，結果我就躲進姐姐這裡了。」阿文似明非明，心想太太口中的「叔叔」是否就是昨晚站在垃圾桶旁的那位，但又不明白為何無緣無故會纏上他們。

我回應道：「連你在內，你們不是應該有三位嗎？另外一位躲避我的，現在走到哪裡去？」「阿嵐」邊吃邊回答：

「我不知道呀，回家時另一位就不見了，只剩下叔叔不斷打罵我，要我『搞』姐姐。」我笑一笑，對「阿嵐」說：

「觀音菩薩在這裡，叔叔根本進不來。他現在站在門口，對嗎？」

她當刻不斷點頭：「但我怕叔叔又打我，所以跟阿文哥哥與姐姐過來找你。」我回答：「你在這裡很久了吧。一直以來也不知道該回去甚麼地方？既然今天你跟哥哥姐姐上來總算有緣，我現在誦經送你回到觀音菩薩身邊好嗎？但是你應承我，不要再把別人弄得很不舒服，可以嗎？你不用擔心，那位叔叔不會再傷害到你。」

「阿嵐」聽後回應，說：「真的嗎？我都忘記了我在這裡徘徊了多久了。一直在街上走來走去，也不知可以去甚麼地方。家人全都沒有了，沒有人給我食物，也沒有人給我衣服，就這樣漫無目的地一直走著。我可以離開嗎？如果是真的那就太好了，我

也不用再挨餓了。」接著我一邊敲著在我的頌缽，一邊慢慢一篇又一篇的誦念著心經，「揭諦揭諦，波羅揭諦，波羅僧揭諦，菩提薩婆訶」大概過了一小時，當能量足夠，小孩慢慢離去不再受苦，阿嵐亦漸漸回復正常。

原來我們早已相識

之後我便觸摸著阿嵐的左手，像上次一樣清理她身上的不潔氣場。在觸碰她左手的那一刻，我終於看到了第一個我們仨的共同片段。在不知那一個世代中，我們三位有著僧人般的形相，盤腿對坐於瀑布旁的山腰上，時而我在說法他們聽著，時而他倆在說法我在聽著，或有老師在說法我們聽著。我們同修著，有時候我看上去比較認真，有時候他們的法相比較莊嚴，就這樣互相扶持學習著。然後在這個世代，我們終於再次見面，因著佛緣重新相遇。

我對他倆說：「阿文，阿嵐，我明白為甚麼我們會在佛寺門前結緣了，我們早就相識。但是阿嵐，你的問題我不能幫你根治，這是你的佛緣。你就是其中一類我不能幫忙的『第二類人』。你必須要經歷你眼前的所有苦難，它們全不是苦難，而是你的助緣，透過這些經歷，把你引領回來佛菩薩的道路上。假若你沒有經歷過這些苦難，你不會了解自己在這一世的功課，你不會充分明白在這一世都必須要繼續修下去，把你在以往世代未完的修行路繼續走下去。你要繼續參拜下去，因為我們曾承諾過，將來我們仨必定會乘願歸來普渡眾生的。假如現在我幫你解決你眼前的問題，就等如將你的助緣消去了。阿文，阿嵐是你這一世的太太，也是你這一世的助緣。假如不是她有這樣的經歷，你未必會去想到底發生了甚麼事？你也未必會去學習佛理，了解苦難的真正意義，更遑論令我們再次相遇。我不能斷滅你們的佛緣，但我可以承諾，在未來的道路上，我會陪伴在你們的左右，就像在我以往離開前跟你們說的一樣。」

那天晚上的經歷，使我讚嘆因緣和合而生的奇妙與複雜性。而在往後的日子，我與阿文兩夫婦亦經歷了更多大大小小的靈異事情，有緣再作分享。之前在《娃娃》這個個案中，被惡靈當作媒介傳話予我，然後在大腿上不斷寫字的人，相信你們看到這裡就會猜到，其實那位太太就是阿嵐。

後記

有時候，人很習慣把「逆境」與「痛苦」掛鉤，認為所有逆境都會帶來負面情緒及痛苦，但是往往忽略每一個逆境或許就是每一個助緣，讓我們成長，讓我們變得謙卑，讓我們看到自己的不足，讓我們變得更好，讓我們學習走在正確的旅程上。是喜、是悲、或是緣份，就在你的一念之間。只要心存善念，隨遇而安，其實每一刻也是修行，每一刻也是緣。

2.7 修行人

你們聽過一些學佛的老前輩說過以下的一句話嗎？能有多大的福報，今生才能得結佛緣、聞佛典？在第一章細述過自身的經歷，從小到大，我都有一個信念：凡導人向善，教曉我們堅守信、望、愛的，就是善的宗教，佛教引導善人廣發慈悲心，天主教教導信眾悦樂主心、愛人如己；因此我傾向包容所有正信的宗教。

當然，身為一位剛入門的「初生」佛弟子，現在漸漸學懂透過律學及戒條可令人更清楚明白該作何善，該不作何惡，一切依法不依人，這樣的人生比以往走每一步都需要猜猜度度簡單容易得多呢！每人有每人的起步點，我雖然「緣起」的方式與一般人有些不同，但依然慶幸並感恩在這生能走上這條修行、學習佛理之路。既然學佛不走回頭路，但願能在今生一路走下去。

自省其心

這一章的題目是「修行人」，是由一些我印象比較深刻的個案編輯而成，目的是想讓你們了解在我眼中「修行」的定義是甚麼。我與你，或任何人都是一樣，也有喜怒哀樂，也有迷惘之時；然而巧合地每當我在心目中有一絲疑惑，相應的「問事者」就會出現，透過解決他們當中問題的時候，同時自省其心，讓我更堅定的走下去。所以我經常掛在口邊説，從來不是我來幫助你們，而是你們每一個到來渡化我。與大部份問事者見面時，我被問及最多的問題一定是「我怎樣去找修行之路」、「我如何能得到快樂」、「我有太多障礙逆境，因此不能好好的去修，可以怎麼辦」，其實修行之路不用去找，人生在世一呼一吸一事一物都是修行，我們從睜開眼開始已在修行之路上。

「不識廬山真面目，只緣身在此山中」，每個人生活環境不同，因緣不同，面對每一件事的價值觀及評價也不同。因此我們不是刻意去「找一些方法」讓自己精進修行，而是從我們每天所面對的所有事情中，好好學習，好好領悟，將從經典中學到的道理融入於生活之中，就是修行。「你今天有精進修行嗎？」換句簡單易明的說話，就是在問「你今天過得好嗎」、「你今天有好好善待自己，善待他人嗎」、「遇到令你不快的事情，你有好好忍耐，還是亂發脾氣嗎」、「明明是對方不對，你有臭罵他一頓，還是選擇放下、原諒他嗎」、「父母今天有點嘮叨，你有嫌他們煩著你，還是好好感恩仍然有機會可以見到他們、孝順他們嗎」、「剛剛在餐廳看見有別人遺下最新的手機，你有起貪慾想據為己有，還是把它交給警察或員工嗎」……數不盡的例子，數不盡的修行路，都是在用餘生去學習著。佛學中的六度萬行，「布施」、「持戒」、「忍辱」、「精進」、「禪定」、「般若」，與其把這些背得琅琅上口，倒不如把他們「活出來」。

慈悲心的布施

雯雯（化名）是一位正能量、陽光的年輕媽媽，除了相夫教子，自己還努力經營著生果生意。有天中午，剛巧小朋友上興趣班，雯雯難得有數小時的「me time」，上來工作室喝茶，順道抄寫心經讓自己身心寧靜一下。

那天剛好有空，與她閒聊了幾句。起初沒有甚麼特別，但在閒聊途中，忽然隱約看見在她左肩上冒起了一個人影，雖然看不見五官，但看似一個老年人的頭。雖然我是身心靈工作者，但熟知我的人也知道其實我是偏向理性及科學的，那一刻我認為有機會是光影交錯下的錯覺，因此叫雯雯站起來動一下，又叫她走到陽光較充裕的地方再看看，怎料那團「人頭剪影」仍然附在她的左肩上，越發清晰，但卻沒有太大不安感，顯然沒有甚麼惡意，因此才能進來工作室。

我問雯雯：「你這兩天到過甚麼特別的地方嗎？指是不經常去的地方。另外你這兩天有一些怪夢嗎，例如看見有一些不熟悉的面孔出現？」雯雯當下嚇了一跳：「JJ，你不要嚇我啦？你不是看到甚麼恐怖的東西吧，你這樣說我會立刻哭出來的。怪夢倒是沒有太大印象，因為這幾天忙得要死，基本上一回到家倒頭就睡。尤其是這幾天，除了要在果欄工作至深夜，還有一些家事要處理，所以身體有些痠痛疲累吧。你到底感應到些甚麼？」我淡然回應：「沒有感應到甚麼，只是直接看到有一個男性的人頭在你左肩上，沒有惡意的，只是不知為甚麼跟著你到來。你這幾天到底去了哪裡？」

雯雯聽後馬上回應：「其實這兩天剛好去了墳場。前陣子有家人辭世，這兩天去了墳場為家人立碑。JJ，不過那天發生了一些奇怪事。就是在距離我們家人幾個墳墓位置，有一個新墳塌陷

了，可能是前幾天的大暴雨造成的。我還在心想那墳墓被破壞得這麼嚴重，希望沒有影響到那位先人吧！不過我沒有看清楚那個新墳是男是女，回到家仍然為此事感到有些於心難安。」有時候我就是有一點「觸機」，即是在當下問的問題與回應那種即時的相關性。剎那間下意識就知道那個「人頭剪影」與這件事是相關的。當下就請雯雯到房中坐下，點香問訊，然後就入定感應一下，看看有沒有事情能幫上忙。

向好心人求助

甫入定不到數分鐘，便即時感應到那「人頭剪影」在腦海中傳話。與其說我去感應他，倒不如說他早就知道今天能到來找人傳話，因此便借雯雯這個因緣到來求助。現實中我沒有作聲，只是默默握著雯雯的左手，以意念溝通著。

意念中（或說觀想中）看見一位年約六、七十歲的老先生，沒有頭髮，形象如剛才的「人頭剪影」，面容平和，但全身衣服濕透了。感覺他沒有惡意，我便單刀直入以意念相問：「老先生你好。你是否就是雯雯剛才所說，那位塌陷新墳的主人？如果是，我有甚麼能夠幫忙？」老先生回答：「太好了，太好了！終於找到人聽到我說甚麼。是的，我就是她剛才所提及的那墳墓的主人。我的墳壞了，想找人修好它，因為以前聽說我們這些人墳墓有破損會影響後人。」我問：「那你為甚麼不自己去告訴家人，報夢給他們？而是要透過這位陌生人？」

老先生笑著回：「我都試過了，但原來不行的，他們甚麼也不知道。不知是否我與子孫沒有緣份，還是他們感應不到我？其實我的墳墓塌陷好幾天了，曾有人經過的時候看到，不過沒有理會。他們經過我那裡，我聽不到他們說甚麼。我說甚麼，他們又

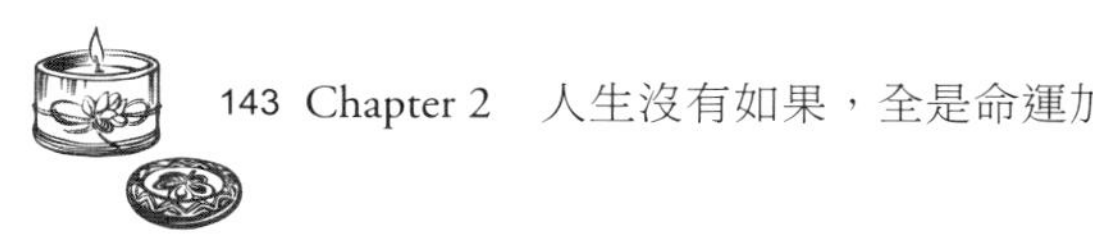

聽不到。直至那位女孩走過，我見她站在那邊看了一會，嘗試叫喊一下，她也聽不到。當我準備放棄時，不知為何忽然聽見她說覺得我很慘，又擔心我有沒有被雨水浸壞，還說好不好找找我的家人幫忙修一下。其實我心裡是挺高興的，覺得這個女孩心腸很好，之後便一路跟著她了，希望她真的能夠幫我通知家人。而剛才看見你，就知道你聽得到我說話的，怎料你還看見我。」

緣份

我當下睜開眼問雯雯：「那天在別人墳前，你有說別人很慘，希望能幫忙他嗎？」雯雯哭笑著：「我沒有說啊！經常看得你們的節目，知道不能亂說話。但那一刻我在心裡的而且確是這樣想著，因為覺得那位先人很慘。」我再閉上眼，意念上溝通著：「老先生，我明白了，這是你們當下的緣份。但是你跟著這個女孩也無補於事，更會影響到她，要不我先為你誦經祝福一下，送你回去你應該去的地方，墳墓塌陷的事之後再找辦法處理，你看這樣好嗎？」老先生如是說：「好！好！好！謝謝你呀。好人有好報，但是你要應承我幫忙一下，謝謝。」

之後我便默默為老先生誦經祝福，並為雯雯利用靈氣及頌缽清除身上的陰氣。大概十分鐘後，我便叫雯雯睜開眼睛，並告訴她剛才發生了甚麼事。雯雯若有所思，說：「謝謝你，JJ。說真的我沒有感到太害怕，其實剛才你問完我這個問題後，在誦經時我邊想著，決定明天立刻回墳場那邊找負責人，必須要把墳墓塌陷這件事告訴這位老先生的家人，讓他們盡快收拾好，以免先人不安。但是我一想到這一點，我便立刻聽到有把聲音不斷跟我道謝，還說好人有好報，離開前還嘮叨一下，提醒我找他家人呢！之後我便感覺到有一股暖流在體內遊走，讓我身體放鬆了不少。」

後記

我一直也是用意念跟老先生溝通，但雯雯竟一字不漏說出我意念中聽到的話，這一刻我也在讚嘆那一種共時性，並衷心感激雯雯的慈悲心，幫助了老先生及其家人，作了很大的功德。率真無垢的為一切有情眾生起慈悲喜捨之心，這不就是最好的修行嗎？

2.8 緣起性空(上)

在佛學當中我們常聽到一個名詞，叫「緣起性空」。說的正是我在所有個案中闡述的一個不爭道理：世上一切諸法因緣而生，因緣而滅，故無自性，是為空。聽上去好像過於玄妙難懂，但想通了又好像合乎一切邏輯法規。

萬事萬物因經歷無量世以來的一切，累積了不同的因果與業力，或善或惡，皆會影響「生命」的道路，在佛教當中解作為「六道輪迴」，或作上人、或作畜牲餓鬼、飛禽走獸、甚至於地獄中永世流轉不得超生。我常開玩笑說輪迴即是「業力計分制」，你下一關（下一世）或這一關（這一世）拿怎樣的武器或生命值去破關，是與你過去無限關卡中累積的福報或業力有關。當你真正明白怎樣去玩這個輪迴遊戲，總有一天你會「打爆機」，不需再於六道輪迴中無限闖關，而佛教所教導的一切就是最快「打爆機」的攻略本，而「打爆機」即是超脫六道，覺悟成佛。而在生命中發生的一切，是由於各種因緣在事物互動效應中不斷變化，在特定的時間與空間下，因著「隨機性」而有生滅變化，因「隨機性」從不可控，故說「無自性」（即一切非自身能力所能控制或管理），亦即是我們常掛於口邊的「無常」二字，而無常又不離因果，是一個相互影響的過程。

由於一切現象內沒有恆常不變之人或事去指揮及主宰，所以我們才會說是「空」，即一切沒有不變的實性，只要有緣或時間到，就會發生。我們必須試著了解這個道理，才會真正明白「緣起性空」是一切事物的真實狀態，即是常聽到的「諸法實相」。

說了一大堆似懂非懂的說話，無非是想告訴大家在你身上發生的一切，如父母、性格、事業、婚姻，無不與自身因果有關，即一切都是有原因的，只是我們這刻還未看清罷了。以下那位問事者，就是我其中一個印象頗深的個案。

誅事不順的插畫師

鄭先生（化名）是一位資深的本地插畫師，與他結緣是由於年多前他的妻子鄭太太預約問事，但問的是甚麼我早已忘記得一乾二淨。（在此有機會替自己伸一個冤，小弟自問從小到大是記憶力超強的人，但有關問事者的一切不知怎的總是過目即忘。後來慢慢了解到這是上天的恩賜，讓我輕鬆一點別有太大重擔，所以忘記了你們任何一位完全沒有半點不敬之意，請見諒。）記得見過了鄭太太數天後，她發了一張鄭先生的照片給秘書小妹，請我替他看一下有沒有甚麼冤親債主影響著他的運程，因為鄭太太總覺得鄭先先的運氣十分不濟，但一直不明所以。雖然鄭太太早已給鄭先生預約，但亦想在下次見面之前，預先看一下有沒有緊

急狀況需要處理。

下班後乘著空檔看一下鄭先生的照片。相中人是一個中等身型的男士，年約五十歲，眉頭輕鎖，但眼神銳利；嘴唇輕輕抿著，看上去像一位不苟言笑的「維園大叔」；我會心一笑想像著，如跟鄭先生相處一段時間，應該會被他鋪天蓋地的「滿腹嘮叨」所燜死。但至於是否牽涉怪力亂神之事，如被靈體騷擾等，在照片中沒有給我這個感應，所以一切還好，於是我回覆鄭太太不用過慮，預約時間到時見面詳談。

你很討厭我嗎？

就這樣過了差不多一年多，我也早已忘記鄭氏夫婦的模樣。直到有一天，當我準備與問事者見面的時候，走出房間，看見一位女士站在工作室中央看著我，另外有一位男士坐在大門口的沙發上，好像不情不願不想走進來的等候著，來者正是久違了的鄭氏夫婦。

鄭太太先開口：「J菇，你好。我是一年多前曾與你見面的鄭太，你有印象嗎？那邊是我的先生，我替他預約了與你會面，希望你可以好好開解他，讓他活得快樂一點。」我如實回覆：「對不起，我連昨天見過的人也忘記了，所以對你沒有太大印象。請稍後一會，我先休息一下。」之後我便打算去洗手間，在經過門口時恰巧與鄭先生對視了一下，雖然鄭先生微笑著，但不知為何感受到一股強烈的怨憤與仇視感，我裝作若無其事，回來後叫秘書點上一枝香清理一下負面氣場，因為直到現在也看不明白到底發生甚麼事。

之後，我便邀請他們到房間中，但在他從大門口走到房間門前的短短十數秒鐘，那種仇視感又再出現，於是我便脫口而出問道：「到底你們發生過甚麼事？我想問你們現在很討厭我嗎？」在工作室中除了我以外，鄭太太、所有客人及秘書小妹均十分驚訝我為何這樣說，鄭先生卻好像聽得明我說甚麼，他停下來想了一下，說：「JJ，現在還未有這種感覺，但稍後我不敢說。」

忘記了自己要走的路

進入房間後，我入定感受了一下，才發現那種仇視感並非來自鄭生，而是鄭生身後的眾生，但我仍看不到甚麼，彷彿刻意躲避著我般。

我問他們：「你好，今天找我有沒有甚麼方向想傾談一下？」

鄭先生十分有禮地回應：「其實今天是太太幫我預約的，我也想了解一下我的人生方向應該怎樣去走？一直以來好像甚麼也不太順利，當有機會可以大展拳腳的時候，又惹人妒忌結果錯失最佳時機。我今年五十多歲了，好像一事無成。到底是我做錯了甚麼？還是這是我的命？還有甚麼需要做？」

我回應：「明白，我先點一下聖木潔淨一下，之後讓我感受一下。」然後我就按恆常程序去開始，只是我想不到之後的方向竟與我想像中的完全不同。

本來以為只是較簡單的個案，但感受過後我眉頭緊皺，若有所思的自言自語：「你現在有宗教信仰嗎？不對，你現在還未有。為甚麼你還未回到你的宗教？不對，你應該一早已經開始了。對不起，我想問一下你兒時是否有夢囈（發開口夢）的情況

嗎？現在還有沒有？其實你應該在兒時已經察覺到自己有很厚的佛緣，你已不下一世是修行人，甚至僧人，所以你與鬼神有緣。是嗎？是的，但為甚麼我仍感受到你仇視著我呢？不對，你並非仇視我，而是仇視著修行人。也不對，在你身旁待著的是誰？為何他們仇視著修行人？你有忘記了的路要走。是的，這是我今天必須告訴你的話。我知道今天為甚麼你要過來了。」

他倆有點被嚇呆了，等回過神來，鄭太回答：「他沒有夢囈情況的，另外你說與鬼神有緣？是否代表他能見鬼？應該沒有吧……還有……」

還未等鄭太說完，鄭生伸手打斷了鄭太說話。他深吸一口氣，道：「是的，我在童年是有一段長時間，每天晚上也會有夢囈的情況，我母親也知道的。那時候我每天晚上也發著相似的夢，被一堆人一直追殺著。」鄭太驚訝的望著先生：「為甚麼我從來不知道？奶奶又沒有告訴過我。」

前世修行人

鄭先生笑說：「小時候發生的事情也沒有甚麼特別，所以沒有刻意告訴你。加上後來這情況已慢慢消失，所以早就忘記了，只是現在JJ這麼一問，所有回憶又湧起來。已忘了幾多歲了，在小時候不斷發相似的夢，被一幫人不斷從後追趕著，說我欠了他們甚麼甚麼，無論夢中場景在哪，他們都是說著相似的話。母親常說我兒時經常在夢中跟他們對話，時而質問、時而叫罵，直至有一晚夢中又被追趕著，我記得我一邊跑一邊大聲呼救，直至跑到森林深處，我看到一個小山坡上有一位穿著白色長袍的人，身體發放著淡黃色的光芒，我當下一刻感到前所未有的溫暖，於

是便向那方向狂奔。跑到差不多到那小山坡前，我猶記得當下在夢裡大叫了一聲「救我呀」，那個人便轉身面向著我一笑，並將手中的水灑向我，之後我便醒過來了。而自那天晚上後，我過去數十年間，幾乎沒有再發相似的夢，只是非常偶爾夢到過，但由於對我影響不大，所以我沒有理會夢境的內容了。」

我問：「所以我剛才就說你有著很好的佛緣，其實你應該一早已知道答案了。為甚麼還未皈依，去尋回你自己的宗教？在無量世以來你曾經是一位修行人，你曾發願承諾，假如再世為人，一定會繼續修行之路的。你是否已經知道當年幫助你脱離困境的菩薩是誰了嗎？」

鄭先生回答：「我知道，是觀音菩薩。」我微笑點頭，說道：「明白就好了。你說這輩子好像事事力不從心，鬱鬱不得志，不是你沒有智慧，不是你運程不佳，不是你身體殘缺，你要的從來一無所缺，只是你還未履行諾言去走你應該要走的路。別再逃避了，從新起步學佛去吧。不過我還有一點不太明白，為甚麼我會感覺到有人仇視著你前生修行人的身份，如果你允許，我希望直接觸摸你的雙手，去深入的感受一下。」

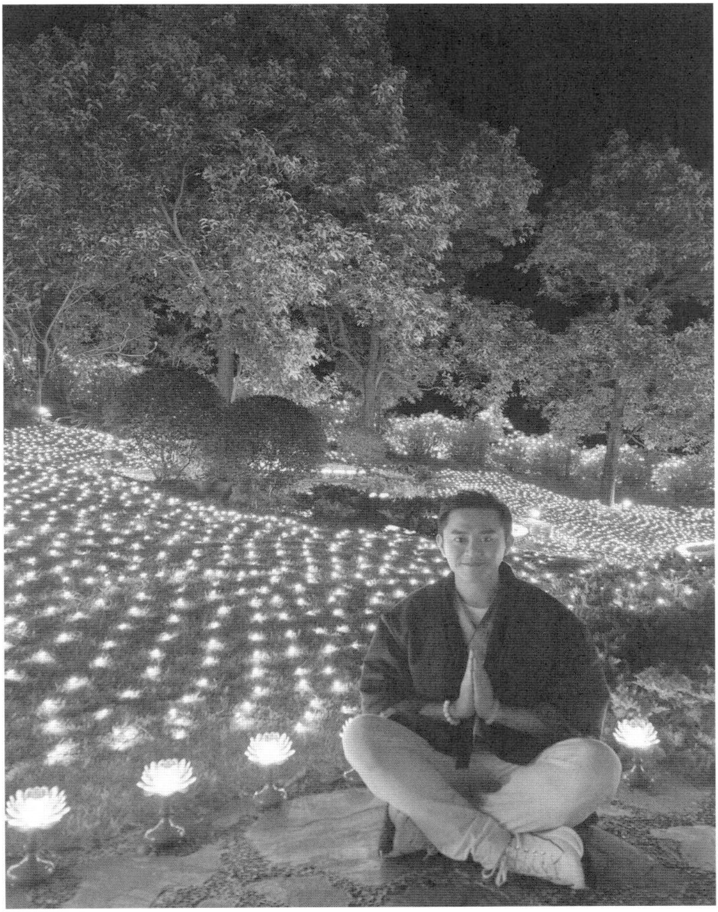

2.9 我們六個一直等待著（下）

我與鄭先生面對面坐著，先讓我們深呼吸一至兩分鐘，使身心回歸平和狀態，接著我便開始利用靈氣符號及頌缽作連結。由於之前感到有不友善的氣場，所以同時間打開了比較強的結界作保護。未料到頌缽聲音剛響起，鄭先生身上出現明顯不自然的震動，然後雙手很自然的垂下，頭部向前傾，好像忽然沉睡了一樣。那一刻我明白一直纏繞著他的眾生們要過來了，為免影響鄭太，我立即邀請她到外面等候。

鄭太有點慌張，但又十分擔心先生，不過她知道我完全沒有傷害鄭先生的意圖，於是到門外等候。門一關上，「沉睡」了的鄭生徐徐吐出一句：「你去死吧！你們這些修行人！」於是乎我立刻拍醒鄭先生，他回過神來，立刻跟我說：「剛才他們要我叫你去死。」我回應：「我知道呀，你都說出口了。」

於是我便從入定後的維度搜索著，直至看見有六位眾生一直站在鄭先生身後，他們有兩位是一男一女的老人家，有兩位應該是一對夫婦，有兩位是年紀很輕的一男一女小朋友，感覺告訴我他們應該是一家人。原來他們從鄭先生出生以來一直跟隨著他，看在眼裡好像一直在怨恨著鄭先生般。

我便嘗試與六位中的兩位長者溝通著。我問：「老伯伯、老婆婆您們好，容許我單刀直入吧。因為除了針對鄭先生，你剛才到現在一直仇視著我，到底為甚麼呢？」

老婆婆率先開口回答：「你們這一些所謂修行人，口說渡己渡人、盡力而為，全都是騙人的！尤其是他，那時我們冤魂纏身，被害得家破人亡，他卻甚麼都幫不了，只是誦經誦經不斷誦經，最後結果我們都枉死！既然是這樣，我們也不要他好過！我們就這樣生生世世一直纏著他！」老婆婆口中所說的「他」，應該就是鄭先生無量世以來的其中一個身份－一個修行人或僧人吧！

自作孽，不可活

我沒有回應老婆婆的指罵，而是選擇直接觀看，觸摸著鄭先生的手之同時，一邊誦唸著大悲咒，一邊繼續搜尋前世今生的記憶。直至看到一個片段：老伯伯、老婆婆一家人算得上是大富之家，生活衣食無憂，與兒子、媳婦及兩個孫兒一同生活；但所謂「衣食無憂」的財富，都是從經營生意時，偷呃拐騙、巧取豪奪得來的。結果因果機緣一到，冤親債主臨門，被害過的一切惡鬼眾生前來索命。苦無辦法下，他們只好向那一世作為僧人的鄭先生求助。那位僧人雖修行已久，但慈悲心仍不夠堅定，入定一看，只是淡淡的說了一句：「你們都幹過甚麼惡事了？自作孽，不可

活。這是你們的因果，必須好好承受。但既然你來求助，緣份一場，我就在未來七天好好為你們誦經唸佛，但願能替你們消減一些罪業，好讓你們渡過難關，否則七天內必家破人亡。」老婆婆一家聽後大驚，並對僧人說，假如能處理好這件事，必定重金酬謝。性格剛烈的僧人聽後大為不悅，心想都把我這修行人看成甚麼了？於是誦起經來也免不了帶上一份嗔心。誦經也好，唸佛也好，修禪也好，必須一心一意心無罣礙，否則唸多久也只是枉費心神，毫無效果。結果七天過後，冤親債主果然臨門，就這樣一家六口命喪於火災中。老人家臨終前，仍不忘怪罪於該僧人，認為他未有盡力而為，令他們能免於災禍之中，結果就與該前世僧人結下了惡因，與今世鄭先生生出了惡果。

了解到事情的因果始末，我明白最終的那一個結仍是要由鄭先生自己去解開，所以在當下我只好誠心誦經持咒，能渡一個是一個。於是在之後的差不多一個多小時，我慢慢誦唸著大悲咒，為他們一個一個超渡；讓他們能放下執著與貪嗔痴三毒，好好上路，願他們早日離苦得樂。隨著時間流逝，它們一位一位接著離開，直至最後兩位老伯伯與老婆婆，仍帶著他們的執念，堅信他們沒有做錯，我也只好暫且作罷，只能為鄭先生佈下結界保護，好讓他能平安健康。

回復神智後，我告訴鄭先生他這一輩子那種鬱鬱不得志及憤世嫉俗的叛逆心，是由於他作為修行人的那一輩子慈悲心不足夠，妄念執著引發嗔心，結果這種性格藏於他的阿賴耶識中（識田，或稱潛意識）。另外，我亦告訴他，我現在只是處理了六位中的其中四位眾生，這個結必須要由他自己親自去解。

鄭先生看著我重塑他的種種因果，默默點頭，亦明白當下他承受著的一切是他前生所作種種事，因緣和合下的因果。鄭先生問：「那麼我現在應該做甚麼？」

我如實回答：「就算你求助於其他師傅，也只是治標之法，這個果你總有一天需要承擔。唯有在今世重拾學佛之心，繼續去走你承諾過自己的路，但願總有一天你能發大慈悲之心，證得菩提，為這個老伯伯與老婆婆一家人回向超渡，才是了斷惡果，治本之法。」

看完這個案，有些人或會感到疑惑：「那麼是否很不公平呢？鄭先生也太無辜了吧？」如不透徹的了解因果，明白世間無常之法皆由累世以來纍積的一切善業惡業造成，的確你或許會覺得不公平。我們常聽說「眾生畏果，菩薩畏因」，惡因自會生出惡果，即是我們做過了壞事，或有壞心腸，自會在未來不知那一個時間、或那一個時空得到相等的報應。但佛教就是這麼一個充滿包容性的宗教，我們要努力的學習著一切唯心造，或許我們的確承受著某一些壞結果，但我們必須要學會轉化，從逆境中學習，總有一天我們能轉苦為樂，轉惡果為善因。

後記

還不明白我最後一句說甚麼？鄭先生的例子在很多人眼中是「無妄之災」，是一個「惡果」。但假如我們看明白了，這何嘗不是一個強而有力的助緣，是一個「善因」，讓他在今生有機緣重拾學佛之路？

你的心態如何，走下去的路定必不同！

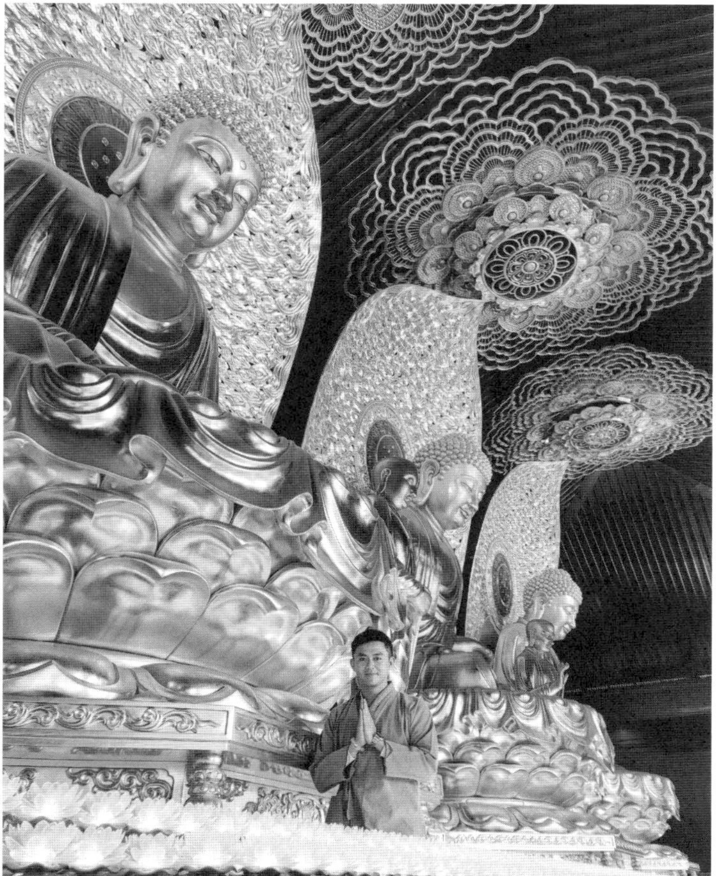

2.10 是時候放下了

有一位太太（化名王太太）過來問事，說只是想了解一下她與母親的關係。王太裝扮樸素，看上去年約五十歲，十分禮貌並帶著一點靦腆的笑容，估計她母親也差不多七、八十歲了。有其女必有其母，單從外觀上看她媽媽應該也是位慈祥的老太太。可得的資料不多，有時候可避免自己對號入座，根據問事者的前設編織一大堆的故事。

一開始我會習慣先燃點聖木，透過白煙的流動，先確認在那當下沒有不善的眾生或其他負能量騷擾，並在白煙流動的圖像中獲得一些這個個案的方向。燃點聖木後，白煙流動的方向有點奇怪，讓我知道今天要討論的課題並不是「母女關係」這麼簡單，而是有更深層的意義。

知道方向後，我直接告訴王太：「王太，不好意思啊。母親已經離開人世了吧！如果是這樣，為甚麼還要回到過去，追問你與母親的關係呢？你知道我有一規矩，就是儘量只看在生的人，不看已逝之人的。」王太被我這突如其來的坦率震驚了一下，回應道：「JJ，你真厲害。對不起，我媽媽確是去世很多年了。但母親離開得比較突然，沒有交代甚麼就走了，所以純粹想知道她現在過得可好？有沒有甚麼需要？」

好好活在當下

我定這一規矩原因有二。第一，死者已矣。我常教導自己及別人要好好活在當下，因此把最好的回憶藏在心中就好。第二，我不是問米師傅，這樣做有點累。不過，既然緣份已在，盡力而為就好。我如常問訊入定，先與王太一起調整呼吸，透過頌缽的聲音讓我們放鬆下來，然後再用靈氣符號開啟結界做好保護，並與王太作一個能量交流的連結。問到了王太先母的名字，便嘗試在觀想中找尋王太先母的身影。在此書中可以稍作解釋，避免惹人誤會，我不懂法科，也不是甚麼師傅，所以眾生不能透過進入我的身體直接傳遞信息，坊間稱為問米或扶乩。我是透過意念以說話、影像、圖片或數字去反映他們想說的話，我極其量只是充當傳話人。

進入了狀態後，我握著王太的手不斷搜索著，直至腦海中冒起一段段的說話，沒有特定內容，聽上去也摸不著邊際，反而有點像閒話家常般的說著，而我亦不需作甚麼修飾，直接說出就好。我慢慢呢喃著：「你別自責了，媽媽沒有怪責你，別老是想著自己是否下錯決定，媽媽沒有被你累死。這麼久了，我現在就知道生死有時，你不送我去別的地方住我也是差不多時候去的。

好好照顧自己啦！哎呀，別這麼硬性子、倔脾氣，家中的食物不能吃了，全過期了，快快扔掉吧，留下來幹甚麼呢？冰箱都發臭了，弟妹勸你又不聽，全扔掉好了。我夠吃，我都夠。媽媽都很好，別自責內疚，媽媽知你孝順。」

就這樣說了一堆莫名其妙的說話，我便徐徐回復神智。睜開眼睛的一刻，王太已哭成淚人，說道：「媽！媽！對不起。我很心痛呀。連你最後一面也看不到，你為甚麼不等等我們呀！我本來打算那天的明天就帶煮好的東西給你吃的，你都不等等就走。知道你夠吃就好了，我們下次去拜祭你再帶你喜歡吃的。」

一會兒後，當王太情緒穩定下來，我問：「王太，其實我不太明白剛才我說的是甚麼？但是能夠解答你心中疑問嗎？」王太握著我手，說：「能夠！感謝你剛才的一番說話，我心頭大石終於能放下了。這十幾年來我一直過得不好，心中很自責，是否因為我決定送媽媽到養老院居住，才會導致她走得這麼突然。我是家中長女，爸爸很早就已離世，弟弟妹妹也各自成家立室，而我就一直與母親同住。十多年前，媽媽身體轉差，後來更得了失智症而不能自理，我要工作但又擔心母親獨留家中會有危險，因此堅持要把母親送到養老院。媽媽當年是極不情願的，但這也是最折衷的選擇。媽媽搬進養老院後可能不適應，因此經常悶悶不樂，也會經常打電話給我們，說想吃甚麼東西，又說想回家。過了一段日子，她有天於中午時又再打電話來說想吃甚麼，又有點埋怨為何這麼久不去探望她，我還記得由於當天工作太繁忙，我便發脾氣叫她不要煩，過兩天週末才能去探望她。」

放下即自在

我問：「那麼那個週末你有去嗎？」王太傷心地説：「來不及了。我還記得那幾天很繁忙，不過在下班後我也有回家準備煮一些平時她愛吃的東西，準備週末帶過去。但在忘了是週四還是週五，我便收到護老院電話説媽媽情況轉壞，昏迷了，叫我們立刻到醫院，結果我們趕到醫院時媽媽已經離開了，一句説話也沒有留下就離開了。」

而我記憶中最後跟媽媽説的話就是發脾氣叫她別煩，因此我內疚了這麼多年，一直放不下。但剛才知道媽媽沒有怪責我，我放下了。」我好奇地問：「那她説都發臭，叫你扔掉是甚麼意思？」王太回應：「其實我也是十分愛媽媽的，那天發脾氣後我也感到有點內疚，因此回家準備了食物，自媽媽離開後我不捨得扔掉我準備的食物，那些我煮下來的東西也就一直放在家中冰箱至今。家人都罵我固執，但我就是不捨得。」

我說：「我全明白了，現在是時候放下了，你的心意媽媽全都收到。以後要好好過活，活在當下，第一件事就是要放過自己。那些過期食物是沒有意義的，對母親的愛，是存在於心中而不是在冰箱中的。」王太聽後表示：「感激你，JJ。我會好好處理。有看過佛經都是教導我們要學習不執著，放下即自在。知易行難，以前是不明白的，現在忽然感到整個人都輕了，我會好好生活下去的。」

後記

你有好好珍惜「當下」嗎？與其要懷緬，為甚麼不趁現在還可以好好擁抱，就去擁抱？可以親口説一句我愛你，現在就説？生命中的一切均是無常發生，明白這道理後，當你得到了、擁有了一些事情，你不需要特別高興；相反當你失去了一些東西，你也不需失望。因為人生中沒有甚麼比生死更大，因此一切生命出現的人與事，我們從來沒有擁有過，所以也沒有失去過。隨遇而安，便能自在，這也是修行，也就是佛教中學習了生脫死的過程。

共勉之。

匯聚光芒，燃點夢想！

《悟·釋·死》

系　　列：心靈療癒 / 宗教命理 / 靈異讀物
作　　者：JJ 詹朗林
出 版 人：Raymond
責任編輯：歐陽有男
封面設計：Hinggo
內文設計：Hinggo@BasicDesign
出　　版：火柴頭工作室有限公司 Match Media Ltd.
電　　郵：info@matchmediahk.com
發　　行：泛華發行代理有限公司
　　　　　九龍將軍澳工業邨駿昌街 7 號 2 樓
承　　印：新藝域印刷製作有限公司
　　　　　香港柴灣吉勝街 45 號勝景工業大廈 4 字樓 A 室
出版日期：2023 年7月初版及第二版
　　　　　2023 年9月第三版
　　　　　2023 年12月第四版
定　　價：HK$ 128
國際書號：978-988-76941-3-7
建議上架：靈異、心靈或宗教分享